好孕天天練

黃金 ● 著

開明書店

Table of Contents

我的專業歷程

　　我是一名婦產科專科醫生。都說學醫的路很難，當醫生的路更難。但因為對醫學濃厚的興趣，我並沒有覺得學生階段是難熬的歲月，反而如魚得水般愉快而好奇地浸泡在圖書館裏，忙碌在醫院的病房或學校的實驗室裏。對臨床各專業有了全面的了解後，到研究生階段，就要求選擇一個專業方向繼續鑽研下去。當時我的綜合排名全年級第一，可以保送讀任意專業的研究生。我毫不猶豫就選了婦產科，雖然婦產科被同行們評為「又忙又累」，但正是因為這一挑戰吸引了我：它對於醫生的要求是既要有紮實的外科手術基本功，又要具備清晰的內科疾病診治邏輯，特別是對某些婦科內分泌紊亂患者，還需要結合心理學的干預措施。出於對生命的敬畏和好奇，對見到的女性患者遭遇的軀體和心理疾患的同情和關愛，我充滿期待地開始了工作與學習。

　　跨入新千年，正是腹腔鏡微創技術在全國各相關手術專科逐

漸開花的階段。對於這個全新的手術途徑,學界爭論也非常激烈。所以,我一邊學習臨床的操作技能,體會腹腔鏡和傳統開腹手術的差異,一邊設計自己的研究課題,學習嚴謹的科研設計方法,從基礎理論的層面思考腫瘤細胞與腔鏡技術創造的微環境間的關係。那時,微創的觀念便在我的腦回路裏產生了印跡。我也同時體會到,作為一名手術醫生的職責,不是為了創造最大、最新、最多等一項項記錄,而是敬畏我們有這樣一項特別的權力來和患者一起攜手面對生命。無論在哪個醫療體系中,住院醫生階段的培養在多數人看來都是嚴酷的,尤其是擔任總住院醫師那一年多,一周 6 天,一天 24 小時,除了周六晚 6 點離開科室,周日晚 6 點返回的 24 小時放風時間,再沒有任何節假日。我完全沉浸在臨床的瑣碎與驚心動魄之中,而這種勞累與挑戰,隨着自己的成長和患者獲得幫助後衷心的感謝,卻滋養出了更多前進的動力。

我工作十餘年,見到無數患者,深知如未能掌握科學全面的健康管理知識,只盲目或片面地嘗試,不僅沒能守護好健康,將疾病防範於未然,反而還造成了各種健康隱患或疾病。但在醫院,有限的診療時間是無法將健康知識整體系統地傳達的。直到網絡媒體工具的普及,科普短文、視頻、APP 等才逐步讓這些知識更便捷地被獲取。然而這樣的資訊,多數也是片段化的、零碎化的,好比一堆積木塊,在不具備系統化醫學知識的人看來,要搭出美觀實用的建築仍舊很難。在積累了一些寫科普文章和做小視頻的經驗後,我決定嘗試着編寫這樣一個靈活而系統的「實操

手冊」，希望能為讀者提供更全面周到的參考和幫助。也希望通過我盡量全面的分享近年來生物醫學與生殖健康相關的知識更新後，能夠有更多人走出生育的誤區，採用更科學的方式改善自然生育力，讓科研的成果更真實有效地為更多人造福。

Table of Contents

　　歡迎來到《好孕天天練》！你一定想迫不及待地讀完本書，獲得好孕秘笈吧！別急哦，建議你先耐心看完這裏的使用指南，然後才一起開啟備孕 30 天的旅程。

　　首先，為了能更好陪伴你度過這美妙的 30 天，讓我們一起來了解下如何用好每天操練的這 10 分鐘呢？你只需要在月經開始的第一天，翻開本書的 Day1 閱讀，然後每天按時完成當天的閱讀小打卡即可。30 天後，讀完本書，你或許已經驚喜地發現，是寶寶在陪伴你了哦！

　　又或者，你只是迫不及待地希望開始這有趣的 30 天體驗之旅。那就從你上次月經來的第一天開始計算，數到今天是第幾天，你就從第幾天開始吧。比如，最近這次月經是 1 月 1 日開始出現紅色或褐色血跡的，而你在 1 月 7 日看到本書，那麼就請你翻開本書的 Day 7，直接開始吧！

就算你還暫時不打算進入準爸媽的隊伍，相信本書以一個月經周期為例，講述的有趣的生理知識和實用的生活小妙招，也會給關注生活品質和身心健康的你提供貼心的幫助或參考。所以，本書也特地將這 30 天的內容分成陽光 ☀、土壤 🌫 和種子 🌰 三大類，供你平時翻閱參考。只要假以時日堅持操練，相信不僅是好孕，一個健康、自信、靚麗的你就會出現在我們面前。

為什麼分出這樣三類呢？因為陽光代表了精神和心理健康，其實女性一個月經周期裏情緒的起伏有時是「心不由己」的呢，但只要了解了自己身體裏住着的這頭情緒小怪獸，我們也可以把它馴服成萌寵哦。土壤代表了你的身體條件，你也將通過這 30 天的練習，學會如何在一個月的變化中把握好調理身體的關鍵節點，深耕細作，事半功倍。種子就代表了孕育的寶寶，寶寶的孕育其實早在他們形成前就已經開始了喲。

好啦，讓我們從這奇妙的第一天 Day 1 開始吧！

Table of Contents

目錄

月經是什麼？

　　月經，當它每次都準時來，或許你會把它忘記，甚至需要在APP 上記錄來提醒自己。但你知道這個準時造訪的好朋友，是身體裏多少個部門通力配合的結果嗎？

　　月經的調控在身體裏是一個非常複雜的過程，它就像是一台定期上演的節目，導演組是 HPO 軸，由下丘腦（hypothalamus）、垂體（hypophysis）和卵巢（ovary）組成。下丘腦是總導演，它可以分泌促性腺激素釋放激素（GnRH）給腦垂體前葉，傳達整個節目的總方案。腦垂體就是執行導演，在接收到促性腺激素釋放激素後，分泌卵泡刺激素（FSH）和黃體生成素（LH），指揮卵巢完成具體的表演。卵泡刺激素一方面可以促進卵巢裏卵泡的發育，另一方面可以促進雌激素的合成。黃體生成素則負責促進卵細胞成熟、控制排卵，維持排卵後形成的黃體功能。在卵泡刺激素和黃體生成素的指導下，卵巢裏的成員們各司其職，產生的雌激素促

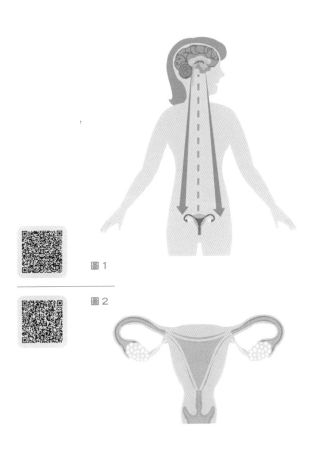

圖 1

圖 2

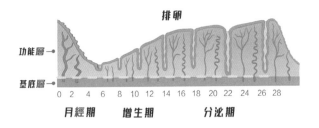

排卵

功能層 →

基底層 →

0 2 4 6 8 10 12 14 16 18 20 22 24 26 28

月經期　　增生期　　　分泌期

進子宮內膜增生，待排卵後，又產生孕激素，使子宮內膜進一步疏鬆。如果本個周期沒有出現關鍵角色「胚胎」，子宮內膜就會萎縮脫落，形成「月經」。

　　子宮內膜是附着在子宮腔內壁的一層組織，又可細分二層：基底層和功能層。它倆之間有豐富的血管網絡，輸送營養物質和激素。基底層不會發生明顯變化，是功能層的根基；功能層則會受卵巢分泌的激素影響，發生周期性的生長、萎縮和脫落。從這次月經的第 1 天到下次月經的第 1 天，算作一個月經周期，通常有 28-30 天。子宮內膜也會隨之出現由薄到厚的變化。月經期，功能層脫落，基底層和功能層之間的血管破裂，形成月經，然後逐漸修復、血止。所以，如果沒有等到胚胎到來，或者子宮內膜條件太差，胚胎沒有成功着床，子宮內膜就會逐漸萎縮。

　　上面的文字，可能讀起來有點生僻，如果希望進一步探究，可以掃一掃圖片旁邊的二維碼觀看視頻，這樣也許相對容易理解一些。無論怎樣，現在其實你只需要明白，月經如期而至，說明你身體的各個部位運行正常、協作良好，是你應該擁抱的小確幸。如果月經不調，則可能是激素分泌環節中出現了某些問題。所以，如果出現問題，需要找到是哪裏出現了問題，才能更有效地解決問題，這時你需要及時獲取醫生的專業幫助，避免盲目行事。

10 min 小打卡

好朋友如期而至，

雖然接下來兩天，會讓你有些面部浮腫、無精打采，

但這很好哦，

經過一個月的忙碌，

讓我們來插上幾支鮮花，欣賞花朵枝條淡雅的色彩，

或是撥弄迷迭香的莖葉，把那舒爽的氣息送達肺底，

聽自己喜歡的音樂，

換上柔軟的睡衣，

捧一杯熱飲，

面帶慵懶的微笑，

迎接好朋友的到來！

月經為什麼會痛？

　　月經期間，子宮內膜剝脫出血，身體為了能減少出血，加強子宮收縮。在這個過程中，會產生一系列與炎症反應相關的化學物質來進行調控，而這些化學物質集聚在盆腔，可能引起疼痛的感覺，即「痛經」。其中前列腺素是這類化學物質中最主要的，但引起疼痛的程度和部位因人而異。多數女性在月經期都會出現這樣的不適，通常持續時間較短，一天以內自行緩解。嚴重的會出現下腹部、腰背部絞痛，大腿部脹痛等。伴隨着疼痛，部分女性還會出現噁心、腹瀉、極度疲勞、情緒低落等症狀。

　　一些疾病可能加重痛經，最常見的是「子宮內膜異位症」，即原本應該僅生長於子宮腔的子宮內膜組織，長到了子宮腔以外。但由於這些組織仍具有子宮內膜的特點，受激素變化的影響會周期性地脫落出血，相應的炎症化學物質也會在局部釋放，就加重了所在部位的周期性症狀。例如，引起痛經最明顯的就是子

宮內膜異位到子宮肌層裏面，即「子宮腺肌病」，甚至腫大如一個腫瘤狀，被稱為「子宮腺肌瘤」；而你可能聽說過的「巧克力囊腫」，就是子宮內膜異位到卵巢引起的；做過剖宮產的媽媽們，子宮內膜還可能在剖宮產切口的部位生長起來，伴隨每次月經來潮，形成一個逐漸長大且疼痛的包塊；而子宮內膜異位到盆腔，還可能引起膀胱、腸道的周期性不適，影響懷孕等；比較少見的，還可能異位到鼻腔，把流鼻血也變成了每個月一次。異位的子宮內膜可能損害你的生育能力，也會引起痛經、經量過多等情況，是需要在醫生幫助下將其控制的。

　　一些不良的生活習慣也可能是加重經期不適的誘因，常見的有：抽煙；飲酒；熬夜、睡眠不足；精神緊張、壓力過大；吃過多生冷及刺激性食物；不正確的個人衛生習慣等。

10 min 小打卡

1. 如果你已經開始感到疼痛，請試着一邊回想，一邊給痛經打個分：

	無 =0	有時 =1	經常 =2
每次經期或前後會出現疼痛			
需要服藥緩解疼痛			
經量特別多			
平臥在床上時似乎可以摸到腹部有包塊			
痛經似乎越來越明顯了			
除了痛經，還發現了其它異常情況			

2. 如果上面的得分沒有超過 3 分，你可以：

- 對照自己平時是否有前面提到的加重經期不適的誘因，如果有，試着逐漸改掉，或至少控制不要在月經期出現。
- 避免經期劇烈運動。
- 適當保暖，熱敷下腹部，即便是在夏天，也不宜貪涼。
- 平時堅持鍛煉身體，經期在身體感覺舒適範圍內做一些頸、肩、背、腰的拉伸運動。

3. 如果得分為 3 到 8 分，建議你先諮詢醫生

　　獲得健康評估，排除疾病後，根據醫生建議必要時使用藥物改善痛經情況，並且在醫生指導下了解藥物使用的利弊及需要調整用藥的情況。常用的鎮痛藥物，如布洛芬、萘普生等在多數國家和地區都是非處方藥，在獲得醫生建議後，可以自行購買並適量服用。一般在月經一開始或疼痛症狀一出現就服用，連服 1-3 日，視平時不服藥情況下疼痛時間長短而定。需要注意的是，盡量避免空腹服用這類止痛藥物，這樣可以減少藥物引起的胃痛等不適。而部分口服避孕藥也能較好控制痛經症狀，這一類多為短效口服避孕藥，在一個月的大多數時間都需要每日連續口服。但是你若已經有備孕打算，這個月就不適合用短效避孕藥的方法來治療痛經了，如果之前在服用的，從這個月開始就得停藥了。

4. 如果得分大於 8 分

　　建議一定先經醫生評估後，一起制定控制痛經方案，切記自己盲目大量服藥。也大可不必因為疼痛難忍就想直接把子宮切掉。現在治療痛經或子宮內膜異位症的方式有很多，但不同的方法都存在各自的優勢和弊端，所以你需要在一次充分的健康評估後，就你現在的情況，比如準備懷孕同時想控制痛經的需求，同醫生一道進行商量，尋找最佳策略。因為對於疼痛程度嚴重的你來說，很可能痛經這個小搗蛋會伴隨你幾十年，你只有在醫生的幫助下將它嚴實地管理起來，才能更好地擁抱生活、負痛前行。

為什麼檢查要在今天做？

　　如果你有月經不調或備孕的問題諮詢醫生，很多時候醫生會安排你在這兩天先去檢查女性激素。那麼，為什麼有些婦科檢查要在來月經的時候做？有些又要求在月經結束才做呢？

　　我們身體裏影響月經的激素有很多，最主要的是雌激素、孕激素、卵泡刺激素、黃體生成素這四個，被稱為「月經 F4」。

　　雌激素，通常從月經周期第 5 天逐漸升高，第 10 天開始加速，第 13 天達到最高峰後稍微下降，到第 17 天又開始緩慢上升少許，然後下降，到第 28 天降至最低。（見圖 1）

圖 1

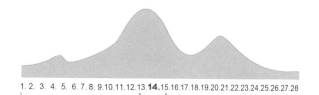

1. 2. 3. 4. 5. 6. 7. 8. 9.10.11.12.13.**14.**15.16.17.18.19.20.21.22.23.24.25.26.27.28

孕激素，通常在前 14 天都維持一個很低的水準，排卵後，迅速升高，第 20 天左右達峰值，並維持在一個較高的水準，直到第 23 天左右開始下降，第 28 天降到最低。（見圖 2）

卵泡刺激素，絕大多數人前 3 天都維持在較低的基礎水準，第 4 天略升高，不同的個體波動差異大，但是都在排卵前形成一個峰值，排卵之後又迅速下降，在第 25 天左右達到最低，然後緩慢回升至基礎水準。（見圖 3）

黃體生成素，在第 12 天開始有個陡然升高然後降低的峰出現，耗時約 1 天左右，這個峰會比平時的水準高出十幾倍到幾十倍不等。而其餘時間它都維持在一個穩定且相對較低的水準。（見圖 4）

如果想了解更多女性激素的變化，歡迎觀看視頻。

多數婦科相關的檢查，通常會安排在月經結束之後，比如檢查輸卵管是否通暢、超聲檢查等，特別是可能會進入子宮腔內的檢查，如輸卵管造影、宮腔鏡檢查。

輸卵管是長約 8 到 14 釐米的中空肌性管道，像是子宮的雙臂，走形自然、柔順，管腔通暢，是拾卵、運送卵子和精子的通道。

輸卵管發生病變時，會變得僵硬、迂曲、膨大，此時管腔內會發生不同程度的狹窄、堵塞、積水、過度擴張等問題。如果因此引起受精卵的正常運送被影響，導致異位妊娠，那就是「宮外孕」。

圖2

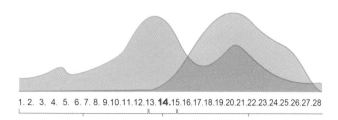

1. 2. 3. 4. 5. 6. 7. 8. 9.10.11.12.13.**14.**15.16.17.18.19.20.21.22.23.24.25.26.27.28

圖3

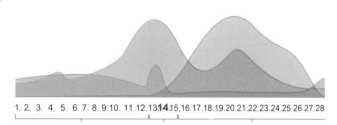

1. 2. 3. 4. 5. 6. 7. 8. 9.10. 11.12.13**14.**15.16.17.18.19.20.21.22.23.24.25.26.27.28

圖4

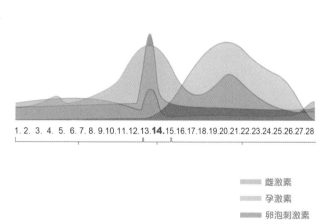

1. 2. 3. 4. 5. 6. 7. 8. 9.10.11.12.13.**14.**15.16.17.18.19.20.21.22.23.24.25.26.27.28

雌激素
孕激素
卵泡刺激素
黃體生成素

子宮是每個月月經產生的場所，也是孕育寶寶的地方。如果子宮出現病變，比如粘連、息肉、肌瘤等，輕則異常出血，重則引起不孕、流產。

所以，檢查輸卵管和子宮都很重要。

如果需要做輸卵管造影或宮腔鏡檢查，有以下注意事項：

1. 最好安排在月經結束後 3-7 天。

2. 應避免懷孕的可能：如保證在造影前 3 天內無性生活，或者至少需嚴格避孕及注意衛生。

3. 應避免陰道有炎症：如檢查時不應有白帶異常、外陰瘙癢、腹痛等不適；檢查前後避免盆浴或者泡溫泉。

4. 檢查前幾小時內最好僅少量進食，並且穿裙子，便於檢查；若需要使用麻醉，檢查前則不能進食水。

5. 自備衛生巾，因為檢查後陰道可能有少量流血、流液。

如果想了解更多輸卵管檢查，歡迎觀看視頻。

一起來看看哪些情況需要查激素吧！

通常醫生安排做女性激素檢查的時間點有兩個：

第一，月經開始後第 2-3 天，無論月經乾淨與否，這時候查的是這 4 項激素的一個基礎水準，醫生能根據此結果回答你想知道的問題，比如是否存在卵巢功能衰退，是否有多囊卵巢綜合徵，是否快絕經了，等等。

第二，就是在月經第 20-24 天，假如你的月經不是 28 天一個周期，那麼大約在下次月經來之前的 10 天到 1 周檢查。通過這個時候的檢查，可以判斷出是否存在黃體功能不足，有沒有排卵，月經不準點兒可能的原因等。

當然，如果情況比較複雜，具體應該在哪個時間查哪些激素，還得你把問題都告訴醫生後，醫生才能幫助你安排出一個合理的計劃。

子宮輸卵管造影和宮腔鏡檢查，通常在出現不孕或懷疑由宮腔病變引起的異常陰道出血時才需要做，而且需要同醫生商量確實有必要時才進行，不必作為定期的健康檢查項目。

Day 4

這幾天吃些啥好呢？

　　我們的飲食文化源遠流長，華人歷來都重視食補。看診後，患者經常都會問，「醫生我平時補什麼好？」「醫生，我平時要忌口些什麼？」⋯⋯在傳統醫學積澱的基礎上，現代營養學和近年興起的功能醫學，都越來越強調，人可以在不同階段和不同狀態下，通過科學的生活模式調整和飲食結構改善來療癒「吃出來的病」和「作出來的症」。追蹤越來越多的慢性病起源，我們就會發現很大一部分病就是某些不良因素長期作用的結果。但是，「吃些啥好？」這個話題，比較龐大和瑣碎，一時間無法詳盡。

　　倘若你已經在跟着一些短期健康促進項目，學習如何調整自己的一日三餐、情緒管理和運動項目，那很好，繼續努力。在學習的過程中，細心體會自己身體的微妙變化，並不斷加以調試，把你的疑惑同健康管理師或醫生一起商討，找到適應你目前生活狀態和工作模式的食譜及作息安排。

倘若你現在仍一頭霧水，希望求得一劑萬全的經期大補聖品，那麼首先就是要打消這個不切實際甚至可能害了自己的念頭。我們祖國傳統醫學的精髓就是辨證施治，現代醫學也越來越強調精準診治，簡單地說就是「你是你吃出來的」，但又絕對不是僅靠吃某一種食物就可以解決問題的，所以這幾個大的原則一定要記住並在實踐中琢磨：

　　1. 均衡膳食；

　　2. 只吃七分飽；

　　3. 規律飲食，避免暴飲暴食或睡前大量進食；

　　4. 經期避免吃生冷或刺激性食物；

　　5. 生吃食物要洗淨，最好選擇健康的烹飪方式。

　　可能這些原則對你來說並不陌生，但實際操作起來卻有諸多疑問，比如：怎樣的膳食安排才叫均衡？簡單的方法就是從顏色和種類上均勻分配，即紅、黃、綠、白、紫（黑）五種顏色的食物和雜糧、蔬果、肉蛋奶三大類的食物最好能在每天的飲食中覆蓋，如果平時忙於工作，難以安排得如此周到，則至少可以在一周的食物中盡量做到涵蓋這五種顏色和三大類。可能多數女性都會留意到自己在經前或經期有口味改變的情況，有些會特別想吃甜食，有些會特別餓，有些會不吃不喝，這些改變都和身體內激素的驟然變化有關。所以，偶爾一兩天改變平時的飲食習慣關係並不大。現有的研究顯示，經期適當降低脂肪、增加蛋白質、維生素 B、E 的進食可以緩解不適。而這就要求我們在食物中適當

增加果仁、牛奶或雞蛋、全麥或雜糧的比例，甚至吃些動物肝臟。

吃七分飽的原則主要是建立在平時膳食和生活自律的基礎上，而經期隨身體變化和口味改變，可能對於平時能很好自律的你，反而還需要稍稍「放鬆要求」來調劑。所以，某些「辟穀」、「輕斷食」的嚴格膳食計劃可能不適宜在經期進行。

飲食應盡量保證在適宜自己工作生活模式的情況下規律進行，避免一餐不吃，一餐又猛吃。特別讓身體厭惡的就是十來個小時顧不上吃喝，然後又胡吃海喝後呼呼大睡。若經常出現這樣的飲食情況，消化系統和內分泌系統的毛病一定會找上門。其實忙碌大於等於 996 的人們也可以制定出良好的膳食計劃，比如最容易被那幾分鐘賴床而犧牲掉的營養早餐，可以在晚上睡前便準備好，1-2 片全麥麵包，一顆煮雞蛋，一盒牛奶，而這些食物在早上也花不了幾分鐘就可以下肚，來不及吃的水果、果仁，可帶上作加餐用。周末可以計劃和採購好下一周的食物，比如全麥麵包可以和煮紅薯、紫薯、山藥、玉米等相互替換等等。僅以此來舉例，相信聰明的你，一定能想出更多的好方法，只要你願意。

健康的烹飪方式，是能同時兼顧殺菌及減少營養素被破壞的烹飪方式，蒸煮為主，炒烤為輔，盡量少深度油炸。生冷或刺激性食物，比如冷飲、酒、辣椒、芥末、濃茶、咖啡等，不是說經期完全不能沾，只是多數女性可能都有這樣的體會，平時經期本來沒有太明顯的不適，但不小心多吃這類食物後，就會出現下腹脹痛、經量異常的情況。所以，本來就有痛經的你就更應該避免為佳。

10 min 小打卡

一起來看看你的食譜是否健康！

	0	1	2	3
平均每周吃水果的次數	≤1 次	2-4 次	5-7 次	>8 次
平均每周吃綠葉蔬菜的次數	≤1 次	2-4 次	5-7 次	>8 次
平均每周僅吃純麵食作為一餐的次數，如饅頭、麵條、麵包等	>8 次	5-7 次	2-4 次	≤1 次
平均每周吃雜糧的次數，如紅薯、山藥、土豆、大豆、黑豆、蕎麥、燕麥、糙米、紅米等	≤1 次	2-4 次	5-7 次	>8 次
平均每周吃各種油炸食品的次數，如麻圓、薯條、油條、酥肉、天婦羅等	>8 次	5-7 次	2-4 次	≤1 次
平均每周吃堅果的次數，如核桃、花生、杏仁、瓜子等	≤1 次	2-4 次	5-7 次	>8 次
平均每周喝奶製品的次數（包括牛奶、優酪乳、脫脂奶、羊奶等）	≤1 次	2-4 次	5-7 次	>8 次
最常吃的奶製品	含奶飲料	奶粉	優酪乳	鮮奶
最常吃的肉類	蝦蟹貝等甲殼類	豬牛羊等畜類	雞鴨等禽類	魚類
最常吃的肉製品	罐頭類	醃製類	冰鮮類	鮮宰類
最常吃的蔬菜的顏色	淺黃或白色	紅色	綠色	紫色
最常吃的水果的顏色	淺黃或白色	紅色	綠色	紫色
平均每周吃肉製品的次數	≤1 次	>8 次	2-4 次	5-7 次

	0	1	2	3
平均每周吃動物內臟類食物的次數	> 6次	4-5次	2-3次	≤ 1次
最常吃的食物採用的烹飪方式	油炸或燒烤	炒或焗	洗淨後生吃	煮或蒸
平均一餐飯所用時間	≤ 15 分鐘	> 1 小時	15分鐘-半小時	半小時 -1 小時
在進餐完後的感覺	吃飽了，但又加了很多	沒吃飽	吃飽了	還可以吃一點，但通常忍住了
最常發生的用餐情景	聚餐至深夜	加熱方便食品	外賣打包或去餐館	購買新鮮食材烹飪

　　30 分以上，恭喜你！你已經打造出了一個健康的食譜及飲食習慣，可以根據你某些特殊的生理狀況略做微調即可。

　　16-30 分，得分較低的項目，可以適當做些調整喲。

　　15 分以下，需要改進的地方還很多喲。可以根據條目逐一調整，如果覺得自己有些無從下手，建議諮詢經驗豐富的營養師，或參加一些手把手培訓的健康體驗營活動，進行系統的改善。[1]

參考文獻：

1. 2016 中國居民膳食指南

2. Dietary_Guidelines_for_Americans_2020-2025 My plate

1　描述小程式使用方法似 https://www.myplate.gov/myplate-plan/widget

我的月經算正常嗎？

　　規律的月經是女性性成熟的標誌，而月經出現異常可以尋找出很多潛在的身體病症。月經正常時，通常女性內分泌運行良好，那麼什麼樣的月經算正常？正常的月經有以下幾個要素：

　　1. 周期：即月經的規律，平均每 28 日月經來潮一次，波動範圍在 7 天以內也算正常。

　　2. 經期：即行經的天數，通常 3-5 天，應不超過 7 天。

　　3. 經量：約 30-80ml（約 5-30 張衛生巾），因為實際的月經量難以準確計算，但以衛生巾的使用情況以及經血的顏色可以作粗略的估計。比如，浸濕整個護墊但不溢出的量約為 2ml，浸濕常規厚度的日用衛生巾（約 23cm）但不溢出約為 10ml，浸濕常規厚度的夜用衛生巾（約 28cm）約為 20ml。通常更換衛生巾時並未完全浸濕，5ml 月經可以浸潤大致四指並攏寬度的一段衛生巾。月經血裏除了血液以外，還會有脫落的子宮內膜和來自

宮頸、陰道的分泌物等。血液裏以鐵為主的成分接觸到氧後發生氧化，顏色變暗，所以月經從子宮內產生到流出的時間越長，你看到的顏色就會越暗。顏色鮮紅說明血液新鮮，在較短時間內流出；而顏色深褐，說明出血時間已較久，只是流出緩慢。一般來說，經量大，相對流出速度快，你看到月經的顏色就偏紅；而經量少，相對流出速度就較慢，你看到月經的顏色就偏褐。所以，月經並不是固定某一個顏色，而是隨着出血的多少和流出的快慢變化的。細心的你，回想一下自己這次月經顏色的變化吧！

一起來對照一下，你的月經周期、經期、經量是否正常：

這裏用大家相對熟悉的口紅顏色來作類比。如果是正紅，通常提示量多而兇猛，在量最多的一天可能出現。但如果持續三四天或更長時間，很容易讓身體因為失血過多而貧血，嚴重危害健康，甚至還有生命危險。所以不要覺得月經多和鮮紅是好事，不要等到已經引起嚴重貧血和其它相應問題時才診治。引起經量過多的原因可能有內分泌異常、凝血功能障礙、子宮腺肌症、子宮肌瘤、內膜息肉、急性盆腔炎等。

如果偶爾一次出現月經量增多，要注意排查近期有沒有服用藥物，經期有沒有食用過多活血化瘀的食物，如山楂、紅花、帶皮葡萄、黑木耳、洋蔥、當歸、丹參等。如果有相應產生影響的食物，需儘快停止。而正在服用的藥物，如華法林、阿司匹林、需在醫生指導下調整。若反復出現經量過多

甚至還帶血塊的情況，請儘快尋求醫生幫助，查出原因，及時治療。

　　一般在月經第一天，或經量逐漸減少的 2-3 天，常呈現棕色。但如果整個周期都是這個顏色，或量最多的時候才達到這個水準，就說明月經量偏少或過少了。因為月經量的多少，同子宮內膜生長是否良好有關。子宮內膜在一個周期內不能良好生長，自然月經量就減少了。而影響子宮內膜生長的因素很多，需要經過專業的檢查和判斷，明確是否需要治療和採取什麼方法治療，不宜盲目自行「補氣血」。

　　常見的引起月經量減少的原因有人流等宮腔手術後損傷、宮腔粘連、內分泌異常、慢性宮腔炎症、使用某些藥物。

　　如果只是經量比之前略有減少，每次月經來的時間也比較準，就不用太過擔心。可以經常吃些紅棗、枸杞。在藥物使用期間引起的經量減少，通常在停藥後會逐漸恢復正常，可以諮詢醫生是否有停止或調整用藥的必要。比如，安置了帶有藥物的宮內節育器後，因為局部的藥物作用，抑制了子宮內膜的生長，所以大多數女性會出現安置後經量減少。這是正常的反

應，不用額外進行治療。但如果有備孕計劃，就需要等這次月經結束後將宮內節育器取出，本月採用避孕套等臨時避孕措施，待子宮內膜完全恢復正常後才開始準備懷孕。

如果有以下情況，建議尋求專業醫生的幫助：1. 經量明顯下降，且出現月經前後的腹痛。2. 經量減少伴月經周期紊亂。3. 有人流手術史，近期出現經量減少，但有備孕計劃。

如果是豆沙色，通常是極少量的血混雜入液體分泌物後呈現的顏色，在月經開始或結束時可能短暫出現。

但如果在月經前後豆沙色，或出現的時間綿延較長，或在非經期的日子出現，則需要警惕。因為這有可能是婦科惡性疾病的預警信號，需要及時排查，並密切關注 。如果平時定期健康檢查正常，僅初次出現這樣的情況，就需要留心是否與性生活、月經、安環、腹痛、服藥等情況有關。

Day 6

卵子的發育

　　在我們自己還是胚胎在媽媽肚子裏時，就有一部分幹細胞分化成為卵子並逐漸形成卵巢。最早期的卵子稱為「卵原細胞」，它們可以反復分裂，形成最初的卵子 ——「卵母細胞」。卵母細胞在胚胎 20 周時達到數量的高峰，約 700 萬個，隨着卵原細胞消失，卵巢不再產生新的卵母細胞，此後就是卵母細胞不斷分化而消耗變少。每一個卵母細胞會同周圍的一些支持細胞一起，形成一個個基本的生殖單位，被稱為「原始卵泡」。也就是說，在媽媽孕育女寶寶至 5 個月左右時，女寶寶的卵母細胞達到頂峰，隨之形成的原始卵泡數量也達到最高，而後逐漸減少，到這個寶寶出生時，她的卵母細胞數下降至 100-200 萬個，到她長到青春期時，僅剩下約 30 萬個。而進入青春期後，原始卵泡不斷進入發育周期，以平均每天 30 個的速度消耗，當卵巢中剩餘卵泡數小於 1000 個時，卵泡將逐漸停止發育，女性也就進入了圍絕經期。

所以，女性的絕大多數卵子都在發育過程中消亡，而真正發育成熟並排出來為每月受孕做準備的總共只有 400 餘枚。所以，正常女性有生育能力的時間也就 30 來年，這 400 多個月意味着有 400 多枚卵子排出，只要好好把握，這幾百次機會對於孕育一個寶寶來說，已經算很充足了，不是嗎？

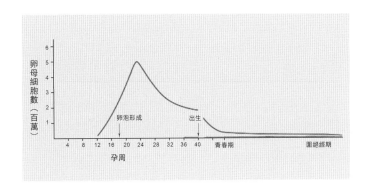

了解了女性整個一生的卵子變化情況後，我們再來具體看看一個卵子的一生是怎麼變化的吧！卵泡藏在卵巢的皮質裏，在胎兒期時，由梭形的前顆粒細胞包裹初級卵母細胞構成，體積小、數量多，大多數卵泡都停留在這個階段。隨着顆粒細胞變成立方形，它分泌的粘多糖在卵母細胞外形成透明帶，初級卵泡出現。顆粒細胞慢慢變多，出現卵泡刺激素、雌激素和雄激素的受體，同時部分卵巢間質形成卵泡外膜，部分演化為卵泡內膜，卵泡內膜細胞出現黃體生成素受體，並開始合成激素，次級卵泡閃亮登場。在卵泡刺激素和雌激素的作用下，卵泡液變多集聚，形成卵

泡腔，成為竇卵泡。每個月都有一些對卵泡刺激素敏感度高的竇卵泡組團出現，這叫做募集。其中一個發育成優勢卵泡，剩下的就逐漸退化。其實，在卵泡的每個發育階段都存在一定比例的淘汰率，所以，這枚天選卵泡是眾多長跑選手中的佼佼者。當它長到 18mm 左右，分泌更多的雌激素，並出現卵泡刺激素和孕激素受體，成為排卵前卵泡，它會迅速長大成熟，向卵巢表面突出。在腦垂體分泌的黃體生成素陡然增加然後降低的刺激下，卵泡膜收到信號，最薄弱處就地破裂，卵泡腔中的卵冠丘複合結構出

排卵前 6 個月的卵泡

排卵前 6-1 個月的卵泡

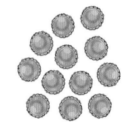

排卵前 1 個月的卵泡

排卵前卵泡

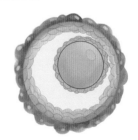

動，這就是我們說的排卵。排出的卵子進入輸卵管，等待受精，成為受精卵後，繼續發育成胚胎。如果未能受精，這枚卵子便退化消失。

我們身體裏不同的組織、器官存在着不同類型的細胞，正常的細胞都有其自身的特點，這類細胞被稱作體細胞，從產生到自然衰老死亡，一般不超過 3 個月。不同於體細胞的是我們能夠繁衍後代的細胞，叫做生殖細胞，即男性的精子和女性的卵子。精子在男性體內從形成到消亡，約 3 個月左右。而神奇的卵子從胎兒期產生，到青春期開始逐漸發育成熟，直到絕經，在女性體內存活時間可達 50 年左右。民間有說法「月經來得早，就回得早」，雖不盡然。但卵子能長時間存活在體內，是因為她會長時間「休息」，還是因為周邊顆粒細胞等一系列護衛的守護，其中的具體機制還有待科學探明。而我們唯有更多地了解它，才可能更好地呵護它，不是嗎？

 10 min 小打卡

今天正好有一群卵泡在努力生長，爭取成為這個月的優勢卵泡。一起來看看，這段時間她們都經歷了些什麼吧。

Day 7

精子的發育

男性精子產生於睾丸裏面細管狀的組織,稱為曲細精管。與卵子的產生不同,精子是直到男性青春期後才開始產生的,主要有以下 3 個階段,歷時約 3 個月:

早期,精原細胞不斷有絲分裂以補充幹細胞,作為不斷產生精子的源泉。其中一小部分則繼續分化以形成成熟的精子。而這一階段分化的精原細胞對輻射暴露等不利影響很敏感,因此,要避免這些不利環境,否則會影響未來 3 月的精子質量。

中期,分化後的 B 型精原細胞逐漸遷移向曲細精管的管腔,並形成 2 個初級精母細胞,每個初級精母細胞再經過兩次連續的減數分裂,分別形成 2 個次級精母細胞,最後形成 4 個精子細胞。

後期,精子細胞分化為成熟精子。精子細胞轉化為成熟精子,形成鞭毛、頂體,並釋放到曲細精管管腔中。精子經過附睾活力增強,並且在進入女性生殖道後獲能,完成最後的成熟。

青春期開始之後，男性同樣會在垂體後葉分泌的 FSH 和 LH 調控下啟動精子的發生。正常的精子在陰囊內溫度比腹部低 1 度左右。所以，如果陰囊處於較高溫度環境過久，對精子的生成和成熟可能產生不良影響，比如長時間穿着緊身牛仔褲、浸泡熱水浴、蒸桑拿、使用電熱毯等，這樣會對男性的生育能力造成影響的。

10 min 小打卡

破解精子「殺手」小貼士

多多益善	盡量避免
通過適度運動、健康飲食控制大肚腩	接觸重金屬鉛、汞、氯丙烷、氯乙烯等的工作
穿寬鬆、透氣的褲子	使用含鄰苯二甲酸鹽的髮膠
少吃燒烤、油炸、醃製類食物	接觸電離輻射：如自然界石材中的氡，人工輻射如 X 線透視、CT
規律作息	使用含酞酸二乙酯的香皂、香水等
少用洗潔精	接觸含雌激素、氯丙嗪、利血平的藥物
不久坐，適度運動	接觸含甲醛、乙二醇醚的裝修材料
宜減少俯臥，多仰臥睡姿	長時間浸泡熱水浴、蒸桑拿
適度性生活	長時間在開啟的電熱毯上坐臥
膳食均衡的前提下，提高含鋅食物（如生蠔），維生素 E 食物（如黑芝麻、松子、花生等），花青素（如藍莓、紫甘藍），番茄紅素（如番茄、西瓜）的比例	飲酒、吸煙

關於癢

隨着月經結束，多數女性這兩天不會有明顯的陰道分泌物，即通常說的白帶。但可能會出現不同程度的外陰瘙癢，這究竟是為什麼呢？

首先，我們要明確外陰瘙癢≠陰道炎。單純的外陰瘙癢有約一半是由於外陰皮炎引起的。

外陰皮炎是由於內在的原因如濕疹的局部表現或外部刺激物接觸後引起的炎症。由於生理的結構差異，外陰皮膚處於封閉、潮濕且容易受到摩擦的環境，其皮下組織結構疏鬆、血供豐富，滲透性高於身體其它部位裸露皮膚。故外陰皮膚更容易受刺激物影響，比如某些化學纖維材料製成的內褲、衛生巾等，某些沐浴用品中的芳香劑、表面活性劑等化學成分。加上某些女性的誤區，認為剃掉陰毛更利於外陰部位的日常清潔衛生，殊不知反而削弱了外陰皮膚的天然屏障保護，使刺激物更容易產生影響。外

陰皮炎最常見的症狀為瘙癢，夜間或月經前後可能更加明顯，程度可輕微或劇烈，可能伴隨燒灼或刺痛感。而此時，部分女性朋友過度搔抓或不當清潔，會引起皮炎加重。

急性外陰皮炎時，皮膚可能出現紅斑，搔抓引起的破損，可能併發真菌或其它細菌感染。

若炎症控制不徹底，反復發作，皮膚可出現乳頭狀突起。反復的瘙癢同樣會增加皮膚被摩擦和搔抓的頻率，進入「癢－抓」惡性循環。時間一長，可能導致外陰皮膚增厚，皮紋明顯，發生苔蘚樣變，也被稱為慢性單純性苔蘚，使治癒更加困難。

如果出現白帶增多、顏色異常、外陰腫痛、陰道灼癢、分泌物異味等情況，是陰道炎症的可能性就更大了。這時，最好能儘快就診，查出引起炎症的病原體，對症下藥，儘快治癒。

所以，引起外陰皮炎與陰道炎的原因是不同的，治療方法也有差異，建議自己在無法準確判斷或用藥後無改善的情況下尋求醫生的專業幫助，切忌盲目用藥。

10 min 小打卡

當感到瘙癢時，你先開始自己逐一排查：

1. 你有經常皮膚長濕疹、打噴嚏、眼睛乾癢嗎？

2. 你有哮喘病史嗎？

3. 你瘙癢的程度是輕微還是無法忍受？會影響睡眠或其他活動嗎？

4. 你經常使用衛生護墊嗎？

5. 你是否經常穿緊身褲、非棉質的內褲或丁字褲？

6. 你經常在外陰部位使用藥物或化學物質（如潤滑劑、殺精劑、芳香皂或除臭皂）嗎？

7. 你有無小便或大便失禁？

8. 癢的出現時間有規律嗎（如夜間、性生活、月經前後）？

仔細回憶上述問題有助於找到真正引起瘙癢的原因，從而徹底解決問題。認真分析自己的個人習慣，最有助於發現日常生活中的潛在刺激物，以及不利於外陰皮膚健康的習慣。而某些個人習慣，往往是你堅持很久的誤區。如果上面 8 個條目中，你回答為「是」的，請仔細閱讀下面的誤區分析。

引起外陰皮炎或陰道炎症的主要原因來自這三方面：衛生用品、性生活和飲食結構。

誤區 1　有白帶就使用護墊，可保持乾爽。

無論護墊宣稱自己多透氣，但比起純棉內褲來說，它都在一定程度上增加了局部的氣體流動的障礙。而正常生理變化過程中產生的白帶為透明或乳白色，每日數毫升，每日更換清潔純棉內褲完全可以實現乾爽的需求。若在悶熱的夏季，身體本身產生的汗液排泄增加，過多使用護墊，更容易阻礙局部空氣流動，增加微環境濕度。

誤區 2　常穿緊身褲、非棉質的內褲或丁字褲。

有些人工合成材料片面強調其「速乾」特質，是其材質本身具有疏水性，但作為緊貼皮膚穿著時，無法及時吸取皮膚的汗液或分泌物，反而形成局部透氣度下降和濕度增加的微環境，不利於皮膚健康。而丁字褲由於褲襠過窄，不但起不到內褲對外陰的保護作用，還可能擦傷皮膚。若為了無痕展現「蜜桃臀」，以緊身褲搭配丁字褲，那簡直就是讓外陰的微環境「雪上加霜」。因為部分「速乾」材料不宜長時間接觸皮膚，尤其是外陰部位皮膚更易敏感。

誤區 3　將內褲與襪子等混洗，內褲晾在衛生間等潮濕環境。

真菌喜歡潮濕溫熱的環境，而襪子和衛生間是日常生活

中存在大量真菌的地方，容易通過污染內褲後感染引起黴菌性外陰陰道炎。內褲最好單獨清洗，並晾曬在通風可曬到太陽的陽台。

誤區 4　用電吹風吹乾外陰。

正常的外陰是有一定濕度的，每次洗澡或用水清洗後，只需要將多餘的水分用毛巾吸乾即可，不必吹得過乾。同時，吹風的溫度過高，也會刺激皮膚。

誤區 5　清水不能徹底洗淨，鹽水、燙水或城性洗液殺菌更好。

外陰或陰道居住了大量細菌，並非一個無菌的環境。這些和我們身體共生的細菌菌落通常不會致病。而且，越來越多的研究發現，某些細菌菌落在一個特定的比例範圍，還可以抵禦其它致病菌落的生長或產生一些利於我們身體的物質，被籠統稱為「益生菌」。陰道裏的乳酸桿菌就是益生菌之一。它在微酸性環境下生長，並維持陰道的酸城度，在這樣的環境下，黴菌、大腸桿菌、葡萄球菌等便不容易生長，增強了外陰陰道抵禦細菌感染的能力。但當使用抗生素或局部消毒後，乳酸菌也會被隨之殺滅，而導致對相應藥物不敏感的其它細菌大量生長。所以，反復發生黴菌性陰道炎的女性，醫生可能會建議檢查陰道微環境，以利於使陰道恢復其正常的抵抗力。而鹽水或溫度高的水除了對皮膚造成不良刺激，並不能有效殺滅細菌。我們日常使用的沐浴液或香皂，多為城性，除了

香料本身可能刺激皮膚外，城性會破壞陰道本身的酸城度，不利於益生菌生長。

防癢小貼士：

　　1. 擦乾或清洗外陰，一定是從前往後，即尿道口 - 陰道口 - 肛門這個順序，以免肛門口較多的細菌感染尿道或陰道。

　　2. 擦洗時動作輕柔，但要注意別遺漏隱藏在縫隙裏的污垢，最好是洗淨後將多餘的水拍乾即可。

　　3. 盡量做到每天清洗外陰，非特殊情況不建議自行灌洗陰道。

　　4. 日常衛生每日用溫水清洗即可，有輕微瘙癢症狀時，可增加為早晚用溫水清洗，或使用無香的中性洗液。

　　5. 不能用更換護墊替代勤換內褲，月經期間就算量少也盡量 3 小時更換一次衛生用品。

　　6. 多飲水，及時排尿。

　　7. 洗液或清潔紙巾盡量避免帶香料的。

　　8. 有明顯瘙癢期間，最好避免性生活。

　　9. 如果這個月備孕，最好及時正規治療外陰陰道炎症。

Day 9

監測排卵可以從今天開始了

　　如果月經不規律，通常是排卵周期出了問題，所以，監測排卵並不是只有備孕時才需要。而監測排卵的意義主要有兩方面：第一，明確有沒有排卵；第二，排卵發生在什麼時候。

　　僅僅明確一個月周期裏面究竟發生排卵沒有，對於本周期備孕的幫助相對較小，所以，其相應的方法，僅在這裏簡單提及。而我們重點要了解怎樣預測排卵將要發生在什麼時間，特別是對於月經不規律的女性，這樣才能提高受孕成功率。

1. 月經周期

　　最簡單且最經濟的方法是用圖表記錄月經周期。現在也有很多手機應用可以幫你預測，特別是當你已經較長時間在 APP，如

clue、大姨媽等上記錄自己的月經情況。這類 APP 使用的預測方法，通常就是根據你在其上連續數月記錄月經起始和終止時間進行估算，所以錄入的數據越多，預測也就越準確。月經周期在 25-35 日的女性通常有排卵。通過周期的時間規律可大致預測出排卵的日期及最佳性生活時間。

2. 蛋清樣白帶

排卵前，在雌激素作用下，白帶逐漸由混濁粘結變為透亮且有拉絲度的質地，如將此時的白帶塗抹到玻片上，乾燥後可在顯微鏡下見到羊齒狀結晶。隨後，在孕激素作用下，白帶變為糊狀，羊齒狀結晶消失，變為橢圓體。根據白帶的這一變化可間接判斷是否為鄰近排卵期，或已經排卵。但這一方法受其它因素影響較大，如陰道炎症、同房後的精液流出等，所以需排除這些干擾因素。

3. 排卵試紙

市面上可自行購買的排卵試紙，通常檢測的都是通過尿液排出的黃體生成素（LH）。我們已經在 Day3 對這個激素有所了解，LH 自垂體產生後，分泌進入血液，到達卵巢，對排卵進行調控。因為需要經過腎臟代謝，所以在尿液中檢測到的 LH 變化較血清中遲約 12 小時。血清 LH 值升高達峰值後約 36 小時發生排卵，相應的尿液中 LH 的峰值便會出現在排卵前約 24 小時。這樣能較好預測排卵時間，為受孕做好準備。如果你月經周期時短時長，

可以從今天開始，使用排卵試紙每天監測，避免錯過排卵時間；但如果你月經周期較長，每次都超過 30 天，你也可以稍延後幾日再開始使用試紙驗尿。

目前已有家用的數碼和電子設備用於監測尿中雌二醇（E2）和 LH 的變化水準，為月經不規律的女性更精準地預測排卵時間。從 Day3 的激素知識我們可以看到，血清中雌激素的峰值先於 LH 峰值約 12 小時，從而我們可以便捷地在家中掌握自己的激素變化情況，及時發現備孕過程中激素可能存在的異常，省去天天去醫院抽血驗激素的不便和痛苦。

單獨使用尿 LH 試紙適用於確實有排卵，但想更精確預測排卵時間以指導備孕的女性。但若存在某些導致 LH 升高的病症，則 LH 可能出現假陽性，而失去預測價值，如多囊卵巢綜合症、卵巢早衰或絕經。如有上述情況，可以在醫生指導下使用藥物調理及家庭檢測相結合的方法。此時，選用 LH 及 E2 聯合檢測就有助於減少假陽性結果，從而更準確地預測排卵時間。

由於不同檢測方法的標準值和參考基線的差異，無論是在家中自測，還是去診所檢測，都建議至少要完成一個周期的監測，而不應在一個周期中頻繁更換方法，否則因為產品本身的差異帶來的變化，很可能導致預測不準確而錯過最佳受孕時機。

4. 盆腔超聲檢查

超聲評估卵泡的生長和排卵是最直觀的手段，但成本較高，

操作不方便，多數需要去醫院在醫生幫助下進行。現在也有了便攜或可租用的超聲設備，實現自己監測、醫生遠程指導、輔助判讀結果的模式，但還尚未普及。

目前超聲檢查的途徑有兩種：經腹或經陰道。經腹超聲需要充盈膀胱，即憋尿，作為無回聲窗，使超聲波能排除腸道內氣體的干擾，通過膀胱的液體觀察整個盆腔和內部臟器。而經陰道超聲，其探頭與腹部超聲不同，更靠近內部臟器，所以解析度更高且不需要膀胱充盈。因此，選用陰道超聲監測排卵較經腹超聲，更方便準確。

在 Day6 裏我們了解了卵泡的生長規律，超聲對卵泡的監測應是連續過程，排卵前卵泡直徑一般為 20-25mm。如果僅憑一次超聲檢查，見到的卵巢附近的囊狀結構都不足以確定其為一個正常的優勢卵泡，因為沒有生長趨勢和激素水準的輔助判斷，這樣的囊狀結構，也有可能是卵巢及其周邊的囊腫。

超聲在監測卵泡生長的同時，還可以觀察子宮內膜的生長情況，對於預測受孕的情況掌握會更加全面。

接下來我們要了解的兩種方法，是常用的判定有無排卵的方法。

1. 孕酮濃度

通過測量排卵後孕酮是否升高，來間接判斷本周期是否已經排卵。在 Day3 的激素周期變化中，我們已經了解到，排卵後孕

激素逐漸升高，5 天左右達峰值，並維持在一個較高的水準，正常黃體中期的血清孕酮水準範圍是 6-25ng/mL。若孕酮水平低，可 3 日之後復查，若仍沒有升高，則可能未排卵。

2. 基礎體溫

排卵後升高的孕酮可影響下丘腦促使體溫升高。因此，每日監測體溫可用於證明有孕酮產生從而間接證明已經排卵，但基礎體溫的變化，對於預測排卵時間並確定同房時機沒有幫助。

由於基礎體溫的升高範圍在 0.3-0.6°C，所以，此方法需要使用專門的基礎體溫計，其讀數需足夠的精確，以滿足監測需要。可以使用從藥房購買的水銀體溫溫度計，或藉助現在市面上有銷售的穿戴式的溫度傳感器，並結合手機 APP，從而提高檢測精度。

傳統使用水銀體溫溫度計量度女性基礎體溫的要求嚴格，使用起來相對不方便。在每日清晨醒來後，起床前、不上廁所、不進食任何東西前測量舌下體溫。在一個正常月經周期中，LH 峰出現後 1-2 日基礎體溫開始逐漸升高，在黃體中期，即孕酮維持最高的幾日，基礎體溫也達峰值。基礎體溫升高持續至少約 10 日，隨後下降，可作月經即將開始的徵兆，所以月經前多數女性會有畏寒的感覺。

10 min 小打卡

1. 學會使用排卵試紙

如果你近段時間月經周期不規律、月經過多或已經備孕一段時間卻仍未懷孕，確定你是否有排卵就很重要。僅從月經周期的時間上來講，範圍波動在 25-35 日者，就算天數不是特別一致，但通常都會有排卵。那麼你可以從今天開始，按照 LH 試紙說明書，或參考下列視頻自行監測排卵，確定排卵日，測到排卵日後的 14 日，若未受孕，則月經會來潮，若月經在尚未到 14 日便提前來潮，提示黃體功能可能不足。

2. 預測排卵日

研究表明，正常夫妻不避孕但未特意安排同房時間，3 個月時妊娠率為 50%、6 個月時為 75%，12 個月時超過 90%；若預測排卵日安排同房時間，1 個月時妊娠率可達 76%，7 個月時妊娠率接近 100%。但這一估算的成功率是未涉及年齡因素的，實際隨着夫妻雙方年齡增加，成功率會逐漸下降。

對於備孕夫妻來講，在排卵前 1-2 日同房妊娠的可能性最高。因此，這時候的你可以通過月經日曆結合白帶變化（如清亮、可拉絲且濕滑的黏液增多）來預測排卵期的鄰近。也可以用試紙測尿 LH 變化，測到強陽性當日即同房，這樣可增加本月的成功率。

想愛愛，需要等到排卵的
時候才最好嗎？

　　出於各種原因，夫妻們總是期望通過某些人為干預的「小偏方」來助推受孕這一精妙的自然過程，從而實現自己更多的心願。但隨着女性卵泡的發育、激素的上升，這兩天可能會感受到明顯的性慾增強。那麼是否應該等到快排卵時再同房呢？或者民間流傳那些「清宮圖」，特殊體位……真有幫助嗎？我們一起來看看現有的科學知識怎麼說吧！

　　其實備孕期間性生活應該規律進行，尤其不宜禁慾時間太長。Day7 我們知道了精子的發育成熟是源源不斷的，其過程約 3 個月，而成熟後的精子生存約 10 天後便開始老化凋亡。所以，規律的性生活，有助於保持精液中精子的質量，避免由於禁慾時間過長，精液中老化精子所佔比例增加，精子質量下降。如

果條件滿足，最好在孕前 3 個月，每周 1-2 次性生活，在備孕月份，鄰近排卵期則適當增加同房次數，以 2-3 天一次最佳，無需等待監測排卵結果指示。如果工作勞累、出差頻繁，最好能調整這一階段的生活節奏，盡量減少長時間出差、熬夜頻率，並放鬆心情，安排一些小兩口有共同興趣的活動，使雙方身心都進入到最佳狀態。

如果是因為條件限制，夫妻相聚時間有限，為着備孕需算準了排卵期才能在一起的，丈夫也應在這一次同房前 1-2 周排精幾次，從而增加精子的活力，提高精子的質量。否則，大量的老化精子即使能產生受精卵，也可能不是最優秀的。研究表明（如圖），對於女性來說，在排卵前 2 日同房的受孕率最高（A 點），小方框中不同線段代表不同年齡組，所以，雖然年齡越大，受孕幾率越低，但對於全年齡組的育齡期婦女，都應是在排卵前同房更能提高受孕率，而不是已經排卵後補救。注意是提前 1-2 日，而並非排卵當日。

按照我們 Day9 了解到的監測排卵的幾種方法，選擇最易受孕的時間對應起來就應該是：

1. 月經周期規律（以 28 天為例）的女性，就是月經第 12-13 天，而周期為 30 天的女性，則為月經第 14 天左右；

2. 觀察白帶，應是已經出現有拉絲度的白帶數日，但當日白帶量明顯增多，較前 2 日略變稀薄，且仍有拉絲度；

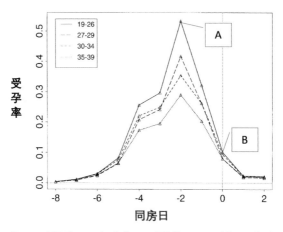

Dunson BD, Bernardo C, Donna DB.Changes with age in the
level and duration of fertility in the menstrual cycle. Human
Reproduction,17(5), 2002, 1399 - 1403

3. 用 LH 試紙監測，則是測試線出現強陽性當日，若接下來 2
日測試線變得陽性更強或未消退，可再同房一次；

4. 第一次用超聲監測排卵，可在卵泡長到直徑 16mm 開始隔
日同房 1 次。排卵的卵泡直徑多數在 20-25mm 這個範圍，但自
然狀態下，沒有任何藥物干預，卵泡排卵的直徑會因人因周期而
異，不會恆定不變，所以在排卵前隔日同房是最自然且有效的方
式。而在醫院用超聲監測排卵，經常會遇到的情形是，卵泡長到
18mm 還未同房，到次日再監測，卻已經排卵，然後當即回家補
救。雖然這樣也仍有一定的成功率，但我們從上圖的研究數據就
可以看到，即使超聲監測發現剛好當日排卵（即 B 點排卵日或往

後更晚的時間），其受孕率是明顯下降的。若在醫院監測排卵，選用超聲輔以激素監測，則能更準確地提前預測排卵日，從而把握住「排卵前 1-2 日」這個關鍵時間點。

經過深入研究，Dunson BD 在 2015 年再次更新了這一研究數據，對受孕率的數值進行了修正，但不影響最易受孕的同房日與排卵日之間的關係趨勢。

孕前檢查應該現在去做嗎？

　　孕前檢查並非是等到準備受孕前而做的檢查，而是在準備懷孕前，需要排除準爸媽健康問題可能對寶寶產生不良影響的一系列檢查。所以孕前檢查主要分兩部分：一部分是潛在的遺傳疾病風險，需要通過遺傳諮詢及相關檢查評估，盡量降低其遺傳給下一代的可能性，確保寶寶的健康；另一部分是身體潛在疾患或感染，通過正規治療後，使雙方身體達到最佳狀態，從而孕育健康寶寶。

遺傳諮詢和檢查

　　孕前保健中重要的一個環節就是通過評估夫妻雙方家族性的遺傳病、先天性缺陷、精神疾病、癌症（尤其是乳腺癌、卵巢癌、結腸癌）的發病情況，來了解相關疾病對後代影響的風險。孕前就進行遺傳諮詢並評估遺傳檢查的必要性，對確保寶寶的健康有重要意義。隨着遺傳知識的普及，越來越多的夫妻意識到了

孕前遺傳諮詢的意義和優勢。但令人心疼的是，仍然會在臨床上遇到經歷多次流產或胎兒異常之後才諮詢醫生是否有可能是遺傳方面問題的情況。雖然遺傳諮詢還不能做到完全預防後代患上遺傳疾病，但可以在備孕前篩查出部分有遺傳疾病風險的夫婦，並提供相應的預防和治療措施。也能藉助現在的輔助生殖技術（如植入前基因檢測）阻斷部分嚴重遺傳疾病的發生。

健康檢查

1. 雙方常規身體健康檢查

身高體重：體重或體脂率如果超標，最好先減脂增肌，調整到理想範圍後再備孕。體重超重或過輕都將對生育力產生影響，所以，在備孕前最好將自己的體重調整到與身高協調的比例。

血壓：懷孕前正常的收縮壓＜130mmHg，舒張壓＜85 mmHg，如果收縮壓在 130-139 mmHg，舒張壓在 85-89mmHg，雖然還算不上高血壓的診斷，但血壓在正常高值這個區間範圍懷孕，可能會出現血壓進一步升高，引起孕期併發症。所以血壓問題宜早發現，並通過飲食和生活習慣的調整，加上準備血壓計，自己勤監測，來避免高血壓帶來的危害。

血常規：篩查貧血及其類型，及時糾正。

血型：ABO 及 Rh 血型。提前了解自己的血型，在醫生指導下評估溶血風險，警惕孕期及產後寶寶發生溶血症。若為 Rh 陰性的女性，還應預先做好備血預案，警惕因血源稀少導致的孕期

或產時發生大出血搶救時用血困難。

尿常規：排除泌尿道炎症或腎臟疾病可能。

肝腎功能及腹部盆腔超聲檢查：排除肝膽胰脾腎等重要器官或女性／男性生殖器官疾病。

傳染病篩查：乙肝病毒抗原抗體檢查、梅毒病原體及抗體、HIV。

血糖：糖尿病不僅對精子和卵子有影響，孕期對寶寶的生長也不利。

2. 在常規健康體檢基礎上，女性最好加做：

口腔檢查：懷孕後激素變化，可能導致口腔炎症或其它隱患加重，所以要避免在懷孕期間拔牙，因為口腔感染容易引起流產等不良結局。

白帶常規：生殖道炎症容易引起不孕、流產及早產等，需在備孕前治療。

宮頸細胞學篩查：及早發現宮頸癌前病變。

TORCH：指弓形蟲（Toxoplasma）、風疹病毒（Rubella virus）、巨細胞病毒（Cytomegalo virus）、單純皰疹病毒（Herpes simplex virus）及其它病毒（Others），若在這些病毒感染的急性期懷孕，可能引起流產、胎兒畸形、先天智力低下、耳聾、死胎、早產等不良結局。

10 min 小打卡

1. 遺傳諮詢需要找專業人士進行，尤其是夫妻雙方家族中有表 1 中所列情況出現，建議盡量詳細收集表 2 中的信息後，進行遺傳諮詢。

表 1

準媽媽 > 35 歲，準爸爸 > 40 歲
貧血
肌無力、肌萎縮、骨骼畸形、運動受限
皮膚經常青紫、易出血
反復流產
出生過先天缺陷的患兒
不孕不育
精神疾病
智力異常
癌症（尤其是乳腺癌、卵巢癌、結腸癌）
耳聾
近親婚配

表 2

家族中有幾個類似的病例
與你／丈夫的親緣關係
發病時間、發病情況
診治經過及檢查結果

2. 來算算你們倆的體重還好嗎？

常用的衡量標準是，體重指數（Body mass index，BMI）= 體重（kg）／身高的平方（m）。

女性：a = 腰圍（cm）× 0.74，b = 體重（kg）× 0.082 + 34.89，體脂肪重量（kg）= a − b，體脂率 =（體脂肪重量 ÷ 體重）× 100%。

男性：a = 腰圍（cm）× 0.74，b = 體重（kg）× 0.082 + 44.74，體脂肪重量（kg）= a − b，體脂率 =（體脂肪重量 ÷ 體重）× 100%。

BMI 最好控制在 18.5 ≤ BMI ＜ 24，女性的體脂率最好控制在 25%，男性 18% 以下。

Day 12

不小心感冒了怎麼辦？

　　感冒是指由多種病毒引起的程度較輕的上呼吸道感染，通常無併發症，數日後可自癒，表現為不同程度的鼻塞、流涕、噴嚏、咽痛、咳嗽、低熱、頭痛等不適。但這些上呼吸道的症狀在其它一些疾病中也可能出現，如流行性感冒、急性支氣管炎、過敏性鼻炎、細菌性咽炎、百日咳、肺炎等，所以，備孕期間或剛得知自己懷孕後若回想起自己前不久有感冒、吃藥等，那麼就會非常擔心是否對寶寶產生影響。因此萬一不小心感冒了，該怎麼辦呢？

1. 區分時間

　　部分女性在月經期間抵抗力下降，容易遭受感染，病毒感染通常有天數不等的潛伏期，待症狀逐漸顯現，可能就會鄰近排卵期。但是只要在排卵前，受精卵尚未形成，一般都不會對寶寶產

生影響。但是如果近幾日的確有身體不適，建議本月停止備孕，待身體康復後再備孕為佳。有些時候，病毒感染也會影響排卵，使當月受孕幾率下降，甚至月經紊亂。

2. 辨別症狀，不盲目用藥

如果感冒發生在排卵後，引起感冒的病毒本身可能對胚胎造成影響，需要謹慎使用感冒藥。普通感冒大多數症狀輕、恢復快，無需任何藥物治療。注意多休息、調節溫度、多飲水，通常 3 天內會逐漸緩解。若採取以上措施後，症狀仍無明顯緩解，或者觀察過程中逐漸加重，則應立即就診，並告知醫生自己有可能懷孕的情況，雖然在才懷孕的頭幾日，還暫時無法檢測出是否已成功受孕，但仍需避免人為因素對早期胚胎帶來的潛在風險。

一般而言，感冒只需要對症治療。如果鼻塞明顯，可嘗試用熱毛巾捂鼻 5-10 分鐘，每日數次；雙手食指同時順時針和逆時針按揉鼻翼兩側，這些物理方法可緩解鼻塞。發燒本身對胚胎可能存在不良影響，可口服對乙醯氨基酚解熱。若頭痛、咽痛明顯，也可口服對乙醯氨基酚鎮痛，待症狀緩解即可停藥。截止目前的數據看來，尚未發現對乙醯氨基酚會對妊娠造成明確的不良影響。相較於高熱對胚胎造成的危害，合理短期使用對乙醯氨基酚是有益處的。雖然部分常見的抗生素無致畸作用，如頭孢菌素、青黴素、阿奇黴素、克林黴素、阿莫西林克拉維酸鉀和甲硝唑

等，但普通感冒並非細菌引起，所以不可自行濫用抗生素。

3. 遠離高危因素，預防是關鍵

　　感染，指細菌、病毒、真菌、寄生蟲等病原體侵入人體，在體內生長、繁殖，導致機體的正常功能、代謝、組織結構破壞，引起局部組織發生損傷性病變和全身性炎症反應。在孕育胎兒這個時期，感染除了對成人健康造成影響外，還可能對胎兒造成近期或遠期的不良影響。普通感冒是所有因感染致病中相對較輕微的病症。要減少被感染的機會，最重要的就是要注意個人衛生及防護，避免交叉感染。備孕期間尤其應重視個人的日常防護，如減少到人群密集場所，盡量佩戴口罩，室內常開窗通風，保持空氣流動，重視手部衛生，勤洗手為主（七步洗手法），替代需使用 75% 的酒精消毒手部。丈夫如出現感冒等不適，最好暫時分房睡。平日適量運動，健康飲食，保證充足睡眠，增強抵抗力。

白帶開始變多，下腹脹痛，需要用藥嗎？

　　根據正常的生理變化，鄰近排卵日白帶量會增加，並且可能伴有排卵前的下腹脹痛，通常不超過半天時間。這一變化需要與陰道炎症或盆腔炎症相區別。排卵前正常的白帶，是透明、拉絲度長，無色無異味的，像蛋清一樣，而下腹脹痛時間也較短，約半日可自行緩解。如果是陰道炎症引起的白帶增多，通常伴有白帶顏色或氣味改變，也會出現瘙癢、灼痛、發紅等。盆腔炎症的下腹痛程度較排卵的脹痛程度更重，持續時間更長，通常不能自行緩解，同房則會明顯加重。絕大多數女性都至少發生過一次陰道炎症，但反復發生生殖道炎症對女性的生育力是有明顯影響的。在炎症未控制的情況下懷孕，流產率和妊娠不良結局的發生率也會升高。

為什麼會發生陰道炎呢？主要有以下兩方面原因：第一，陰道正常菌群被破壞。在雌激素正常的育齡女性中，陰道非角化複層鱗狀上皮富含糖原，乳酸桿菌以這些脫落細胞的糖原為原料，產生乳酸，使陰道環境呈酸性（pH 4.0-4.5），以抑制病原微生物的生長。但如果濫用抗生素或激素分泌異常改變了適合正常菌群生存的酸性環境，則可能引起其他細菌大量增生，從而誘發炎症。第二，致病菌的感染。大量的致病菌，如大腸桿菌、黴菌、淋球菌等，通過性交、衛生巾、避孕套等傳播，也會誘發相應的炎症。

常見引起陰道炎的病原體主要有三種，相應引起的炎性白帶都有各自特點。

細菌性陰道病（BV）：白帶通常稀薄水樣、呈灰色、惡臭。

黴菌性陰道炎（VVC）：白帶黏稠、白色、無異味，量多，似豆渣或凝乳狀附着於陰道壁，急性期可有明顯的外陰陰道充血、瘙癢。

滴蟲病：白帶膿性、惡臭的分泌物，常伴有灼痛、瘙癢。

若性交後出現陰道炎症狀，還需排除是否為性傳播疾病引起，如淋病、梅毒、支原體、衣原體感染等。所以，如果出現明顯的異常白帶或生殖道炎症的症狀，應該暫停同房，經正規檢查治療痊癒後，再備孕。而不應該盲目用藥，尤其使用某些陰道放置藥物或陰道灌洗方法不得當，還可能引起逆行感染，使感染擴散，炎症的危害擴大。

10 min 小打卡

如果是排卵期短暫的不適可以通過以下幾個動作得到緩解。

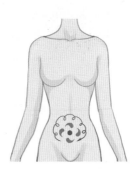

順時針繞臍周輕柔按摩腹部。

兩腳兩手分開與肩同寬，在舒適的範圍內弓背與降腰，並配合緩慢而深長的腹式呼吸，弓背時呼，降腰時吸。

雙臂在身體兩側伸直，屈膝並膝，先一同轉向左側，再一同轉向右側。轉向一側時，同側膝蓋盡量能貼地，但對側肩和臂盡量不抬起，感受腰部和背部的牽拉。並配合緩慢而深長的腹式呼吸，轉向一側時呼，抬離地面時吸。這一動作不僅可以緩解排卵期疼痛，對痛經也有緩解作用，但需在平時長期加以操練，而不適合在經期和排卵期做。

「酸兒辣女」，準嗎？

　　除了對健康寶寶的期待，準爸媽們最愛祈禱的就是遂了自己想要一個男寶寶或女寶寶的心願。經常有準爸媽饒有興趣地諮詢某種「偏方」是否有效，總希望從蛛絲馬跡中找到寶寶性別的助推方式。在未經證實或未經證偽之前，準爸媽們在不違背科學準則，不違反倫理操守，不影響寶寶健康的前提下，多數也是會抱着探秘的心態去了解或嘗試。

　　關於遺傳學的知識，你會在後面的幾天中陸續了解更多。精子和卵子一樣，各有 23 條染色體，其中有 22 條是常染色體，1 條是性染色體。這一條性染色體決定着寶寶的性別。由於卵子來源於母親，所以所有卵子帶的性染色體都是 X 染色體；而來自於父親的精子的性染色體則有 X 染色體和 Y 染色體之分。如果是帶有 X 染色體的精子使卵子受精，那受精卵的核型就是 46XX，就會發育為女寶寶；而如果是帶有 Y 染色體的精子使卵子受精，

受精卵的核型就是 46XY，就會發育為男寶寶。要準確知道一條精子帶的究竟是 X 還是 Y 染色體，可以通過對精子進行遺傳物質的檢測，而檢測後的精子，因為經過了一系列的化學處理，已經不能正常存活和行使功能。在自然條件下，數百萬計的精子進入女性體內，很難在早期確定使卵子受精的究竟是帶 X 染色體，還是帶 Y 染色體的精子。理論上講，男性產生的精子中帶 X 和 Y 染色體的比例應該是相等的。但攜帶不同染色體的精子的確會存在生物學上的差異。20 世紀 60 年代，也就是第一例試管嬰兒誕生前，生殖醫學方面的研究得到了突飛猛進的發展，其中 Landrum Shettles 就發現帶 Y 染色體的精子體積更小、速度更快、更加脆弱，在酸性環境中更容易被破壞。我們團隊近年來的研究也發現，無論是在正常或異常精液裏，帶 Y 染色體的精子 DNA 碎片化程度的比例都更高。即不利的環境因素對精子質量造成影響時，帶 Y 染色體的精子更容易受到破壞。故理論上推測，僅就新生兒性別比來說，男性應該略低於或等於女性。但實際情況則不同，有的國家或地區甚至相差很遠。

有研究認為，基於帶 Y 染色體精子的生物學特性，同房時間如果在排卵前 12 小時內，並且女性能在性生活中達到高潮，減少精子在陰道酸性環境中的時間，儘快進入宮頸，都將有助於帶 Y 染色體精子的率先到達輸卵管使卵子受精；而如果同房時間在排卵前 2-3 天，則更有利於速度相對較慢但存活時間相對較長的帶 X 染色體的精子。也有研究認為飲食結構可以調整女性的體質，

創造一個更適宜帶 Y 染色體或 X 染色體精子的環境，如含鈉鉀比例高、能量高的飲食有利於帶 Y 染色體的精子，而含鈣鎂比例高、能量低的飲食有利於帶 X 染色體精子。

雖然以上這些研究都承認，在自然狀態下，不可能絕對干預受精這一過程，但如果說期望通過讓一個已懷孕的女性多吃酸或辣來改變寶寶的性別，那就不科學了。

參考文獻：

Rahman MS, Pang MG. New Biological Insights on X and Y Chromosome-Bearing Spermatozoa. Front Cell Dev Bio.2020,21;7:388.

Shi X, Chan DYL, Xhao MP, Chan CPS, Huang J, Li TC. Comparison of DNA fragmentation levels in spermatozoa with different sex chromosome complements. Reprod Biomed Online. 2019,38(1):56-65.

寶寶是今天就造好了嗎？

　　生命的產生，本就是一個冥冥中編寫精妙的神奇故事。

　　當精子大軍出發的時刻，他們神聖的使命就是找到卵子，並將自己揹負的叫做染色體的天書交給卵子。所以，他們眾多兄弟在弱城性的精液裏「泳往直前」，可是來到陰道的酸性環境，一大半因這一巨大的變故而陣亡，一部分更加奮不顧身，「獲能」後成為了真正的勇士。他們好不容易來到宮頸口，宮頸口的粘液，就像守城的將軍，只有在卵子姑娘快要出行時，才格外通融放行，平日裏則會將一眾兄弟攔在城外忍饑挨餓。進了這城門後還不太平，子宮內膜細胞上的纖毛掀起的大浪，讓勇士們無處安身，可接下來要去哪裏？這宮腔大得就像一座宮殿，出發已經 10 多個小時了，仍舊沒見到卵子姑娘的身影。而宮殿裏面那些叫做白細胞的衛兵又衝過來圍剿這些勇士，一番拚搏後，這時只剩下不到出發時 1/4 的兄弟了。此時，他們發現宮殿裏竟然還有兩道

側門通向狹長的隧道，於是他們再分出兩個小分隊衝了進去……

卵子姑娘在她的閨蜜們顆粒細胞的簇擁下被送出了閨房，由輸卵管張開的像大傘一樣的儀仗隊接了進門，進門後卻發現輸卵管是一條狹長的通道，它緩緩地推動着卵子姑娘一行向深處走去。卵子姑娘知道，在一起長大的姐妹中，如今只有她被選出來了，在大家的護送下，將自己的天書和精子勇士的天書合二為一，才能拼湊出完整的生命密碼。而這天書，在她成長的過程中一直努力編寫，卻並未完善，直到臨別家門那一刻才到第二次減數分裂的中期，據說要遇見一名真正的精子勇士，在他的幫助下受精之後，這本來自於卵子的染色體天書才能書寫完成。離家差不多 18 個小時後，卵子終於見到了一小隊精子。精子兄弟們迫不及待地圍了上來，但有的被卵子身邊的顆粒細胞們攔住了，只有最有勇有謀的那個精子，憑藉自己頭頂上叫做「頂體」的武器，排除了層層阻礙，穿入了保護卵子的最後一層防線「透明帶」。

這時，透明帶發生了巨大的變化，任憑其它精子再使用「頂體」武器也無法穿入。而卵子在見到精子的一剎那才終於完成了自己天書的編撰。他倆在透明帶的保護下，由輸卵管朝着那個叫做宮腔的殿堂推送了過去，精子和卵子再用一天的時間將各自帶來的天書合併，破譯了生命的密碼，這便是新生命的起點了。從此，再也沒有了之前的那個精子，也再也沒有了之前的那個卵子。他們你中有我，我中有你，變成了一個既像精子又像卵子的新個體，就是受精卵。

第一天，受精卵就學會了把自己從一個細胞分成了兩個。第二天，兩個細胞就變成了四個。第三天，有八個細胞就被稱作「桑葚胚」了，因為在放大鏡下看起來，它就像一枚桑葚。第五天，隨着細胞越來越多，細胞團中出現了一個充滿液體的小池子，所以改名叫做「囊胚」了，而這時透明帶堅實的保護也顯得像是束縛，容不下日益長大的囊胚了。第六天，來到宮腔的囊胚慢慢從透明帶中孵化出來，選擇了一片疏鬆的子宮內膜，把自己像種子一樣漸漸埋進了內膜土壤溫暖的懷抱裏，在更多的滋養和保護下悄悄地繼續成長。

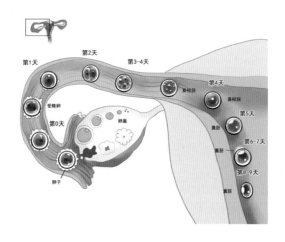

今天都還沒排卵，
該怎麼辦？

如果按照 Day9 介紹的幾種檢測排卵的方法一直監測到今天都還沒有提示會排卵的跡象，先別着急，首先，根據你近半年的月經周期我們一起來對照分析，通常有以下三種情況：

1. 周期規律為 25-30 天

如果你是單用某一種方法，要梳理一下是否正確執行了該方法的整個過程。需要強調的是：

基礎體溫：一定是早上睜開眼後未做其它活動時就檢測。

LH 試紙：不用晨尿，即不使用早上第一次小便來檢測。每日測的時間最好固定，如晚上 10 點，避免第一天早上測和第二天晚上測這種時間跨度大的測量安排。下個月監測，最好計算開始監

測的時間（可以於月經見紅的第 9 天開始），並且在測到弱陽性後，由每天測一次增加為早晚 10 點各測一次。

陰道分泌物：若採用該方法，在觀察白帶期間，需要準確判斷粘液的量和拉絲度，最好在非計劃受精時同房都用避孕套，避免精液影響對粘液的觀察。

2. 周期規律為 31-35 天

別擔心，有可能這時候你的卵泡還在發育過程中，再繼續你現有方法多觀察幾日。如果仍未測到排卵，下個周期就按 1 的注意事項再重複測一個周期。自己監測排卵是有一定難度的，但經過 1-2 個月的學習和摸索，相信你能夠掌握這個小技巧。

3. 周期 >35 天或不規律

繼續監測，建議至少聯合兩種方法，直到下次月經來潮。

偶爾出現一次不排卵或月經不規律，無需過於擔心，特別如近期精神壓力較大或生活居住環境變化較大，都可能會受影響。

就算你現在不急着懷孕或不測排卵也會較易受孕，學會自己監測排卵是備孕過程中的一項重要本領，你也可以通過學習和練習來更加了解自己的身體，這難道不是一件很有趣的事情嗎？

在你監測自己排卵的過程中，一定記得做好完善的記錄，如果近三個月自己測到的排卵均有異常，或有不理解的問題，這些記錄資料對於醫生幫助你獲得更及時準確的診治方案都很重要。

Day 17

遺傳這麼重要，為什麼懷上了反而要處處小心？

　　人身體內的細胞有兩種，一種是體細胞，如脂肪細胞、肌肉細胞、肝細胞等，它們各自有 46 條染色體，這些染色體兩兩配對，共有 23 對；另一種是生殖細胞，生殖細胞只有精子和卵子這兩種，分別存在於男性和女性的體內，它們只有 23 條染色體，所含的遺傳物質是正常體細胞的一半。這 23 對染色體，又分為兩類，一類叫常染色體，被人為命名為 1-22 號；另一類叫性染色體，它們不叫 23 號，而叫 X 染色體、Y 染色體。在卵子受精的時候，精子和卵子各帶有來自父方和母方的 23 條染色體融合配對，重新組成新個體的 46 條染色體，即 23 對染色體，所以，這一新個體的遺傳物質有 1/2 分別來自父母雙親。

　　攜帶有遺傳信息的物質被稱為脫氧核糖核酸（DNA），它是

染色體的核心組成部分，DNA 又由 4 種核苷酸組成，即腺嘌呤（A）、鳥嘌呤（G）、胞嘧啶（C）及胸腺嘧啶（T），根據 ATCG 不同的排列組合順序就編碼了蛋白質的氨基酸順序，而蛋白質是組成我們身體各種細胞的重要組成成分和行使功能的關鍵物質。父母就是通過生殖細胞將自己的 DNA 上攜帶的遺傳信息傳遞給了後代，這些信息裏，不僅包含了生命生長發育所需的功能調節控制，也可能包含了疾病發生發展的致病機制，所以，DNA 所攜帶的遺傳信息，從生物學層面上決定了後代的外貌特徵、器官功能和身體健康等。

以大家可能相對熟悉的 BRCA 基因為例，每個人都有位於 17 號染色體上的乳腺癌易感基因 1（BRCA1），也有位於 13 號染色體的乳腺癌易感基因 2（BRCA2）。這兩段序列編碼產生的蛋白就像「檢修工」一樣，修復受損的 DNA，使得身體在依照 DNA 編碼產生蛋白時偶爾發生的錯誤（突變）得以及時修正。如果 DNA 信息錯誤表達沒有及時糾正，日積月累，細胞功能遭到破壞，出現異常，就可能癌變。

有遺傳性乳腺癌或卵巢癌家族史的女性中，多數可能攜帶有 BRCA1 或 BRCA2 的致病性突變。而這些突變如果也存在於生殖細胞中，則可能會遺傳給後代。這種存在於生殖細胞的 DNA 序列突變，也被稱為「胚細胞突變」，提示其存在遺傳性，可以從家族的發病情況和遺傳檢測中分析出來。而有時乳腺癌或卵巢癌在家族中僅發生一例，則多數是因為只在這個個體的卵巢或乳

腺細胞中局部的 DNA 序列發生了突變，沒有引起生殖細胞的改變，也不會遺傳給後代，稱為「體細胞突變」。

DNA 序列所傳遞的遺傳信息如此重要，它決定了為什麼人和動物之間有如此明顯的差異，決定了為什麼我們會長得像自己的父母。但它又不是一成不變的，它會受到環境的影響而改變，並且這種改變也會在生物學上產生影響，從而傳遞給後代，所以，現代的人和幾百萬年前的人從生物學上可以找出明顯的差異。

「健康與疾病的發育起源（developmental origin of health and diseases,DOHaD）」是生物醫學突破性認識的進展，即在成人期某些健康問題可能起源於生命早期（胎兒期）的外界因素的影響，更有將這一時間前推到受精卵的形成。20 世紀 80 年代，Barker 等學者通過研究發現，出生的低體重兒及 1 歲時的體重越低，其成年後患缺血性心臟病的病死率越高。此後他們在對高血壓、糖尿病、高脂血症的流行病學調查中發現這可能與在胎兒期營養不良有關，並提出了「Barker 學說」，即指出成人疾病胎兒起源的發病機制。越來越多的研究證實並擴展了該認識，以糖尿病為例，它不僅損害了成人自身的健康，還會對卵子、精子造成不良影響。即便是受孕後，未控制的異常血糖，也會造成不利於胎兒健康生長的環境，從而導致流產、胎兒發育遲緩、新生兒體重異常、神經系統發育異常等。

大規模的流行病學調查和動物實驗研究顯示，低出生體重與成年期疾病，如冠狀動脈粥樣硬化性心臟病、高血壓、肥胖、2

型糖尿病等「代謝綜合徵」之間明顯相關。追趕生長是人類生長的一種特性，長期以來被看作是從生長發育遲緩對發育和健康的不利影響中恢復的一個必需特徵。然而，近年的流行病學研究提示，追趕生長也可有遠期的健康危害。胎兒期生長受限和（或）在嬰兒期生長不良，但以後有追趕生長者，有較明顯的發生代謝綜合徵的傾向。因此，正確認識追趕生長的利弊，對指導不同生長類型新生兒的餵養策略具有重要意義。

所以，在重視遺傳儘早排除遺傳因素對健康孕育的影響的同時，我們不能忽略環境因素、生活習慣、飲食結構所帶來的影響。這也是我撰寫本書的初衷，希望通過和準爸媽們盡量全面地分享近年來生物醫學與生殖健康相關的知識更新後，能夠有更多人採用更科學的方式來改善自然生育力，讓科研的成果更真實有效地為更多人造福。

Day 18

孕媽媽的孕期生活究竟該從哪一天開始？

　　為了方便計算和管理孕周，通行的計算懷孕時間的方法是：從受精這個月的月經第一天開始計算，而不是從受精卵形成的時候開始計算。因為在自然狀態下懷孕，具體受精的時間是很難精確判斷的。由於這次月經來潮後排卵，受孕成功之後就不會再來月經，所以這次月經被稱為末次月經。雖然末次月經的第一天到第十四天，並未懷孕或形成胚胎，但為了便於整個孕產期的管理和監護，以及準爸媽和醫生間的溝通，就約定俗成了這樣的時間計算方法。

　　月經規律的女性，孕周按照末次月經的第一天來計算，而實際胚胎形成的時間是晚大約兩周的。比如，妊娠 40 周定為預產期，其實那時是受精卵形成後發育的第 38 周。而對於月經周期不

規律的女性來說，如果沒有監測排卵，很難確定受精時間是哪一天。可能還需要經過早孕期間超聲來確定胚胎的大小，從而推算出校正後的末次月經時間以及相應的孕周，將妊娠周數的時間調整為通用的 40 周為預產期這個時間體系。所以，我們平時提及的孕周其實較真正受孕時間早，而孕媽媽的生活或許早於備孕開始更佳。

孕媽媽的生活並不是等到懷上了才開始，這也是隨着健康孕育意識的增強，越來越多的女性會特意為懷孕作準備，而產生了「備孕」這一概念。備孕這個狀態，不僅僅是生理上準備，還有工作、生活、心理狀態方面的調適。比如協調好事業發展與家庭的關係，甚至還需要做好家裏大寶寶的思想溝通。檢查自己的身體狀況，調整成健康的飲食，制定適當的運動計劃，心態放輕鬆，快樂進入孕育狀態。這個月作為進入備孕階段的嘗試，無論接下來幾天的結果成功與否都應逐漸調適，相信進入孕育這個過程不僅會帶來一個寶寶，還將會帶來更多感知生命和體驗人生的收穫。

進入備孕階段也是從思想上給自己定下一個目標，不要瞻前顧後，一方面擔心自己隨着年齡增加，懷孕難度加大；一方面又擔心懷孕哺乳影響自己的體型和已經習慣的生活方式；或者焦慮自己沒有經驗帶不好孩子。焦慮的根源是未知。但對於未來的不確定性，又為你打開了學習的窗口。孕育和撫養孩子，對於父母來說，都是難得的第二次成長經歷，沒有誰一開始就能得心應手。其實，懷着感恩的心迎接這生命的饋贈，並在這個過程中不

斷地探索和學習，這樣就好了。

有備孕幾個月的夫妻把等待結果的這幾天視為拿「考試成績」一樣緊張，但從小到大經歷過無數考試的我們，是不是應該告訴自己，考前的功課和考試的發揮才是需要認真對待的，而考試之後需要放鬆和調整來迎接新的開始。

這幾天，每當你感覺這樣的焦慮襲來，不妨試試在心裏默念，懷孕是一段人生的特殊經歷，一次不成功的可能性本來就高，要多給自己嘗試和探索的機會。

10 min 小打卡

　　練習深長的腹式呼吸，你可以在完全平臥、站立或端坐的姿勢時，只要保證脊柱得到足夠的延伸，微微閉上雙眼，用鼻緩緩地吸氣，慢慢從 1 默數到 5，將氣體逐漸充滿整個腹腔，暫停 1 秒，然後再緩緩從嘴呼出，反覆數次。逐漸感受生命的能量從你的胸肺流動到脖子、頭皮、四肢，蔓延你的全身，身體再也沒有緊張感。

　　學會了深長的腹式呼吸，並加以操練，不僅對緩解焦慮、平復情緒、幫助入睡有效，還可以為日後自然分娩打下基礎。

蚊蟲愛叮孕婦嗎？

　　蚊蟲叮咬可能只癢一會兒或短暫形成一個小紅點，但也可能引發嚴重疾病，包括以這種蟲為媒介傳播的疾病或因為叮咬導致的嚴重過敏反應。所以可不要忽視看似常見的蚊蟲叮咬，女性在月經期或妊娠期由於生理狀態的改變，可能會成為特別吸引蚊蟲的「香饃饃」。無論是蚊蟲叮咬傳播的疾病，還是導致的嚴重過敏反應，對備孕和早孕階段都可能產生不良的影響。

常見的蚊蟲叮咬可能傳播的疾病

蚊子

　　常見的有庫蚊、伊蚊、按蚊，常出現於積水區域。蚊子可以傳播的疾病包括瘧疾、黃熱病、登革出血熱、基孔肯雅熱和寨卡病毒等，尤其是在有相應疾病流行的區域，要嚴防蚊蟲叮咬後引起感染。以近 10 年多次出現局部爆發感染寨卡病毒為例，它主要

通過被感染的蚊蟲叮咬傳播，也可以通過母嬰傳播、性傳播、血液製品傳播等。而臨近備孕期或孕期感染該病毒後可引起流產、死胎、胎兒小頭畸形、中樞神經系統發育異常、生長受限、四肢異常等不良妊娠結局。

蜱蟲

蜱蟲細分的品種很多，喜歡生活在草地和荒漠地帶，主要寄生在牛、馬、羊、駱駝等牲畜身上，偶也可能感染家養寵物。蜱蟲吸血時將整個頭部都埋入皮膚，所以發現後不能驚慌拔出其身體，因為殘留在皮膚內的口器容易引起感染。可拍打周圍皮膚，使蜱蟲將頭部退出皮膚，或塗抹酒精、碘酊待蜱蟲死後，用鑷子將其拔出。蜱蟲傳染多種疾病，如萊姆病、立克體病、巴貝蟲病和兔熱病等。如果在蜱蟲叮咬後一個月內出現皮膚紅斑、發熱等情況，應及時就醫，避免錯過最佳治療時期，給身體健康及妊娠帶來不良影響。

蠓

小黑蚊樣有翅昆蟲，約 1.5 毫米長，因其體小，不易被發現，又被稱為「無影蟲」。廣泛分佈在熱帶及亞熱帶地區的潮濕土壤環境，尤其以夏季的黎明及下午 3 點左右活動最頻繁。被蠓叮咬後可能數分鐘或數日後才出現紅色癢疹。由於蠓飛行高度僅約 1 米，所以，成人通常雙下肢被叮咬。蠓主要傳播寄生蟲，如絲蟲、鞭毛蟲，也可能傳播部分病毒。

跳蚤

跳蚤分佈廣，常見於熱帶和亞熱帶地區，寄生於哺乳動物或鳥類的身體及棲息場所，喜陰暗潮濕、通風不良處。如果寵物染上跳蚤，僅醫治寵物是無效的，還需要進行環境的消殺。跳蚤傳播多種疾病，包括條蟲病、鼠疫、腎綜合徵出血熱、地方性斑疹傷寒和巴爾通體病等。

嚴重過敏反應的表現

常見的蚊蟲叮咬後反應是局部炎症反應，常於數分鐘內出現，數小時內消退，以瘙癢性的局部紅斑或水腫為主。叮咬部位出現的過敏反應是由蚊蟲分泌的刺激性物質導致，局部反應後可能出現遲發的過敏反應，進展為大皰、硬化或壞死性損傷，甚至出現全身性蕁麻疹、水腫、喘息、嘔吐、低血壓等表現，雖然發生的幾率極小，但若出現需要及時治療。

及時處理，預防為主

發現蚊蟲叮咬後最好立即用肥皂和水沖洗，局部外用乳膏等減輕瘙癢。切忌搔抓，增加皮膚破裂後的感染風險。若過敏反應超出叮咬的局部範圍，或發生嚴重過敏反應的表現，需儘早尋求醫生幫助。

10 min 小打卡

預防感染的關鍵是避免蚊蟲叮咬，從而避免接觸病原體。

為了避免在備孕及孕期受到上述病原體的感染，最好能做到以下預防措施：

1. 盡量避免到疾病流行的地區旅行。

2. 全天候採取防蚊蟲措施，以夏季為著。可使用有效的驅蚊產品，如含 DEET 的驅蚊劑。

3. 若伴侶被感染，需諮詢相應病原體的傳播途徑，並做好居家防護措施。

4. 避免黎明或傍晚進行戶外活動。

5. 戶外活動時盡量穿束口長衣長褲，避免皮膚暴露。

是不是現在去打預防針能獲得更及時的保護？

因為不同區域環境中所需預防的疾病譜不同，可供預防接種的免疫計劃制定也不同。在理想情況下，女性最好在進入備孕階段前，按照其所在地區推薦的成人免疫接種計劃進行免疫。但有時候不得已的地域變動或意外的暴露風險，或偶有剛進行疫苗接種後才發現自己懷孕的女性，會因此增加自己長時間的擔憂，這些計劃外的情況都使得疫苗的接種也成為了備孕女性必須了解的安全知識。

一、備孕期間避免接種的疫苗

備孕期間避免接種的疫苗多數屬於減毒活疫苗，相當於身體感染一次該病毒，但由於疫苗的毒力較病毒本身減弱，所以進入

人體後不容易引起嚴重的不良反應，經過一段時間身體免疫力的調整後，就可以靠自身產生的抗體來抵禦以後同樣的病毒入侵，對該病毒就有了相應的抵抗力。所以這類疫苗最好在備孕前 3 個月完成接種。如果不清楚既往疫苗的接種情況，也可以在接種前查血清抗體，根據抗體情況決定是否需要補充接種。

1. 麻疹、腮腺炎、風疹、水痘（MMRV）疫苗

這些屬於減毒活疫苗，可能引起母體併發症和不良妊娠結局，若無病毒抗體，又有可能妊娠或已經妊娠的情況下，出現病毒暴露，尤其是麻疹病毒暴露，妊娠婦女易發生重度麻疹或嚴重併發症，需要在暴露後 6 日內通過靜脈用免疫球蛋白預防。

2. 流感減毒活疫苗

屬於減毒活疫苗，與 MMRV 類似，但其保護期通常只有 1 年多，並且無特異的免疫球蛋白。

3. 人乳頭瘤病毒（HPV）疫苗

它雖屬於滅活疫苗，但由於現有安全信息尚有限，不推薦在備孕期間接種。如果在接種後才發現已經妊娠，暫不必過度擔心，需嚴密監測胎兒發育情況。極有限的數據顯示在接種期間妊娠，未增加不良妊娠結局。儘管如此，仍需暫停剩餘接種計劃。

二、特殊情況下可以在備孕期間接種的疫苗

通常免疫製劑對妊娠女性或其胎兒的危險性不會超過其所預防的疾病，但在有條件的情況下，疫苗在備孕前注射最佳，若備

孕期不可避免需要暴露於下列風險，也可以考慮接種：狂犬病疫苗或免疫球蛋白、破傷風疫苗或免疫球蛋白、肺炎球菌疫苗、流感嗜血桿菌疫苗、腦膜炎球菌疫苗、甲型／乙型肝炎疫苗、黃熱病疫苗。

　　對於破傷風和白喉未產生免疫或未知免疫狀態的女性，可以在備孕階段接種，並在此後 1 個月及 6-12 個月完成 3 劑的接種。

 10 min 小打卡

1. 了解自己的疫苗接種情況或抗體產生情況。

2. 在接種任何疫苗前，需告知工作人員自己在備孕階段，本月有妊娠可能，並詢問這期間接種該疫苗的潛在風險。

Day 21

如果懷上了，
還去上班嗎？

　　越來越多的準媽媽知道擔心環境或工作模式可能對肚子裏寶寶的健康帶來影響，都會考慮「懷上了，工作還能繼續嗎？」這個問題。但其實，有些工作不是「懷上了」是否繼續的問題，而是，「準備懷了」或「一直懷不上」就該考慮是否需要改變了。

一、可能對生育產生不良影響的因素：

1. 化學因素

　　鉛

　　鉛可以通過呼吸道和消化道吸收並較長時間蓄積在體內，可能接觸到鉛的工作有生產電池、染料、建築裝修材料、化妝品以及電焊工作。

汞

汞可以通過吸入、皮膚接觸、消化道等途徑吸收，根據其結合的形式不同，在身體內的清除時間差異較大。可能接觸到汞的工作包括火力發電廠、採礦、長期處理汞污染水域的魚（尤其是以其它小魚為食物的魚類，如吞拿魚）、生產某些美白亮膚化妝品等。

農藥、化肥

通常農藥和化肥可能通過皮膚接觸和吸入的途徑吸收，所以務農或從事農藥、化肥生產運送的工作人員要注意避免直接接觸和吸入帶來的危害。

阻燃劑

為增加消防安全，現有數百種已知的阻燃劑可能被加入到紡織品、裝修建築材料、電子設備材料中，所以經常涉及此類材料的工作要尤其注意在工作中吸入及直接接觸的防護。

塑膠、膠水

塑膠涉及了很大一類化合物，已經在現代的日常生活中無處不在。因此，生產、加工此類物品的工作也要適時做好防護。

藥物

不同的藥物在體內代謝的時間不同，通常在藥物的生產和處理過程中，只要按規範要求操作，不會對普通成人造成不良影響，但備孕期或孕早期女性，如果由於工作原因，需長時間接觸某些藥物，就應尤其做好防護，如抗腫瘤藥物、激素類藥物、四

環素等抗生素類藥物。如負責配藥的護士可能因為配置環境中的接觸或空氣吸入暴露於這些藥物中，也需要特別注意。

2. 物理因素

輻射、熱、噪音、震動等因素，若長時間暴露對健康均有影響，在備孕與孕期應該盡量避開這些環境，如放射科設備操作間、冶煉操作間、施工工地、油田開採、紅案廚師等。

3. 生物因素

病毒、細菌和寄生蟲是最主要的風險因素，如果務農或在野外勘探需要盡量做好與這些傳染源接觸的隔離措施。如果在實驗室工作，需要按規範操作流程做好生物危害的防控措施。

二、對生育產生的不良影響會出現哪些情況？

出現月經紊亂或其它內分泌異常，不孕，流產，低出生體重兒，先天畸形，早產，死產或嬰兒死亡，發育遲緩，智力低下，兒童期癌症。

通常暴露於這些風險因素對孕育產生不良影響存在着量效關係，即大劑量、長時間的作用才會最終導致不良事件發生，但由於因素太多，而且直接在人體上試驗是不符合倫理要求的，所以對於很多風險因素並不知道其產生危害的確切劑量和時間閾值，因此只能盡量避免因為暴露而增加風險。

在胚胎形成的最初兩周，即排卵後受精卵形成到你預計下次月經來潮的這個時間段，胚胎裏的細胞為全能胚胎幹細胞。這類

細胞可能分化為發育過程中的任何一種細胞。然後逐漸分化出多能幹細胞，即可以分化為身體裏的任何細胞。這時的胚胎還未開始器官的定向分化，所以，不利因素的影響會更大更廣泛，即造成胚胎死亡或多個器官功能的異常。這個階段對於胚胎的發育非常關鍵。但是，由於這個階段準媽媽還不知道自己已經受孕，就容易被忽視。隨之而來的可能是知道懷孕的「驚喜」時，回想起幾天前幹了什麼高風險的事帶來的「驚嚇」，然後整個孕期都為之而焦慮。這就是為什麼隨着對妊娠和胚胎發育的機制了解得越多，我們越提倡在有準備的情況下懷孕，這樣可以改善自然生育力。

而生產技術和工作方式的不斷改變，某些新的因素是否會對生育產生影響還有待證實，但如果你的同事中相繼出現原因不明的不良事件，你就需要警惕並諮詢專業人士了。

參考文獻：

Jin Lu, et al. Prevalence of depressive disorders and treatment in China: a cross-sectional epidemiological study. Lancet Psychiatry. 2021; S2215-0366(21)00251-0.

10 min 小打卡

　　對照以上對孕育不利的職業暴露因素，認真思考這個問題，其實需要抓住的關鍵是：現在的工作可能帶來的不利於懷孕的風險有哪些？這些不利風險可以通過自己適當的調整而避免嗎？如果這些不利因素可以免除，那完全不必因為準備懷孕而放棄工作。因為工作除了能給準媽媽提供穩定的收入來源、儲備物質保障，一個相對熟悉的環境、穩定的人際關係還會給準媽媽帶來精神上的安全感和情緒上的寬慰。最近，中國首次全國性精神疾病調查研究顯示，女性較男性更易患抑鬱障礙，而擁有工作可以降低抑鬱障礙的發生。所以，雖然工作會帶來壓力，工作環境也可能給孕育帶來風險，但只要你充分了解需要避免的風險，並做好工作上的協調，是完全可以兼顧工作和孕育的。我身邊的許多婦產科醫生朋友們都是從懷孕一直工作到分娩的當天，因為她們足夠了解這一過程，而且對自己有充分的信心。還會打趣地說，「工作的時候發作了還不用從家裏趕到醫院來，反而更方便和安全。」

輻射怎麼防？

隨着電子產品和日常生活的關係越來越密切，準爸媽們會擔心這些電器或電子產品「輻射」的影響。就現有資料來說，輻射主要分為電離輻射和非電離輻射，電離輻射達到一定劑量後對身體健康和胚胎發育是有不良影響的。

x 射線、γ 射線，紫外線中的高能部分屬於電離輻射，有這類輻射的區域，通常會見到如圖標誌。如醫院做胸片、CT 檢查的放射科檢查室，腫瘤患者做放療的治療室，部分實驗室等。備孕期間須遠離有該標誌的環境，若不得已接觸，需要做好充分的安全防護措施。

紫外線中波長較長部分（如用於消毒的紫外線設備），可見光（包括幾乎所有類型的鐳射）、紅外線、微波、無線電波則屬於非電離輻射。

由此可見，我們日常生活中接觸到的電器或電子設備，對健康產生不良影響的原因並非僅僅來自於其產生的「輻射」，因為手機、電視、電腦等產生的都是「非電離輻射」。現在就非電離輻射本身對生育力產生的影響尚缺乏充足的數據，但由於日積月累使用這些產品而改變了生活模式，如久坐、過熱（如使用不當的電熱毯對精子的危害），是會產生不良影響的。

　　航空旅行一般對無併發症的妊娠女性來說是安全的。飛行過程中的確可能受到宇宙輻射的影響，但因為總量極低，並且身體吸收的總量也與飛行時長有關。所以偶爾坐飛機吸收的這一點輻射對備孕的影響可以忽略不計，而長時間飛行的機艙內感染、作息時間紊亂、目的地環境的病原體感染這些因素，才是更嚴重的風險。

　　雖然胸片和 CT，都是「電離輻射」，超過了一定劑量的確會引起流產或者胎兒畸形，也會影響精子的生成。但如果你在做檢查當月懷孕，只要檢查時間是在排卵前（月經前 10 日），就是相對安全的。而且普通的胸片和 CT 檢查，輻射總量都很低，所以不必過於擔心。但若有備孕計劃，最好在檢查前告知醫生，盡量避免不必要的風險。

乳頭凹陷需要糾正嗎?

　　正常狀態下乳頭在乳暈中間應該凸出表面,而當乳頭縮進低於皮膚表面時,被稱為乳頭內陷或乳頭回縮。引起乳頭內陷的原因可能是先天發育,也可能是後天疾病。先天發育引起的乳頭凹陷通常是因為乳暈肌肉發育缺陷引起,通常為雙側,青春期後逐漸明顯。先天性的乳頭內陷通常不伴有其它疾病,只有極少數可能與某些遺傳性疾病有關。後天性的乳頭內陷可由炎症或腫瘤造成,如果沒有明確的胸部手術或外傷等情況,而近期出現乳頭內陷,特別是不對稱的乳頭內陷伴乳暈變形,就需要及時就診,以明確可能的原因並獲得必要的治療。

　　不伴有其它疾病,僅單純的乳頭內陷在功能上可能會影響產後母乳餵養時嬰兒銜乳,但並不是所有乳頭內陷或乳頭形態不規則都會影響母乳餵養,不需要在備孕過程中或孕期對乳頭進行反復牽拉來校正。尤其是在孕期,反復牽拉乳頭是會刺激宮縮產生

的，對維持妊娠不利。如果擔心乳頭異常影響哺乳，可以現在或孕期向專業人士諮詢如何處理嬰兒銜乳問題。通常可以採用的方法有：調整並尋找最有利於嬰兒吸吮的哺乳姿勢；在嬰兒銜乳前使用吸奶器或其他校正裝置牽引出乳頭；哺乳時使用乳頭罩幫助嬰兒銜乳並利於乳汁排出。

不必因為單純的乳頭內陷而焦慮或放棄母乳餵養，只要媽媽有足夠的信心並做好準備工作，就算是形狀很不規則的乳頭，經過幾天的探索和配合，寶寶一般都能夠很好地銜乳。也有部分女性因為內陷乳頭產生自卑或其它心理方面的困擾而選擇手術矯正，但手術可以使乳頭凸起，卻也可能因為疤痕使乳腺導管解剖結構改變，反而會影響乳汁的分泌。

乳腺是女性常見病的好發部位，尤其是在孕期及產後激素水準出現大幅度波動，更是乳腺疾病的高發時期。所以定期乳房健康狀況評估及孕前的乳腺檢查，有利於乳腺疾病的早發現和及時治療，通常乳房自我檢查的最佳時間為月經來潮後1周，因為這個階段卵泡剛開始發育，身體內雌激素水準較低，對乳腺的影響較小。

　　自查的方法有：右手以指腹自乳頭順時針螺旋向外滑動按壓左側乳房，同樣左手按壓右側乳房。

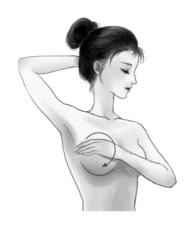

Day 24

把握懷孕的「天人合一」

此時看書的你是在備孕了，還是仍舊猶豫不決呢？

綜合多方面因素考慮，女性的最佳生育年齡在 25-30 歲。然而，隨着女性接受大學及更高層次教育的比例增加，參加工作和結婚年齡延後，25 歲左右首次生育的比例正在逐年下降，30 歲以後首次生育的比例卻不斷升高。這樣的變化不僅與避孕知識的普及有關，也與女性對生育選擇的決策力有關。調查顯示，多數女性都希望在生育前實現自己對財務、事業、個人目標、婚姻等條件的相應要求。

雖然廣義的育齡期是在性成熟後到絕經前，而且現在並沒有就備孕女性劃定「高齡」的界限，但從不斷積累的研究數據來看，女性 38 歲以後，卵巢功能逐年迅速下降。到 40-50 歲，女性的受孕幾率已經明顯降低，不過這個年齡段的女性成功受孕後並有意願生育的，多數妊娠結局是良好的。這也從另一方面說明了，女

性雖然有生理上的最佳孕育階段，但物質基礎、社會關係、認知程度和健康知識等，也是實現健康孕育的重要條件。

也有部分女性對於生育採取這樣的態度：試試看。既然懷孕這麼麻煩，懷孕之後需要操心的事這麼多，而且能不能懷上，還不是自己能決定的，那就「順其自然」吧。這樣的「規劃」表面上看起來佛系而智慧，殊不知潛藏了很多危害。

危害一，懷的時候不上心，懷上之後忙擔心。隨着每個家庭對孕育質量的要求提高，尤其是多數中國家庭考慮到未來巨大的競爭壓力，「不能輸在起跑線上」的觀念根深蒂固，而這也是在備孕階段疏於安排，等到發現已經懷上時又焦慮不已，甚至導致人工流產的根本原因。學習了這 30 天的備孕知識後我們就知道，從受精卵的形成到「發現懷上了」這個過程，短則 10 多天，長則一月餘，還有些沒經驗的粗心的媽媽懷到 2 個多月，以為自己「月經不正常」，到醫院就診，才發現是懷孕了。從「懷上」到「知道懷上」這個時間差，對於準媽媽們來講是個「盲區」，對於寶寶來講卻是發育的關鍵期，而這一「盲區」的長短和準媽媽的健康知識儲備直接相關。有害因素作用後，可能影響寶寶發育，甚至引起流產。但這一可能的影響，跟有害因素的性質、作用時間長短等都有密切關係，而目前的科學發展還不能將這些因素一一準確量化。所以，這一未知帶來的不確定性，使準媽媽們要麼選擇持續擔心，要麼用人工流產來終止對不確定性的焦慮，而對醫生一再強調的人流本身帶來的健康損害已「無暇顧及」。

據不完全統計，因為「擔心某些因素對胚胎有不良影響」而要求終止妊娠的僅次於「非意願妊娠」的，佔到約 1/3。而這些擔心的因素常見有哪些呢？通常是：我不知道自己懷孕了，所以「吃了藥」、「染了頭髮」、「喝了酒」、「去體檢照 X 光」或者「打了疫苗」等。雖然，醫生說了「這些不一定對寶寶產生了影響，建議正規產前檢查，不要盲目人流」，但對「智力受損」、「發育異常」等風險的焦慮，也許就促使她們作出了人流的選擇。而人流對女性生育力的影響是多方面的，最嚴重的或許直接因為一次人流就再也無法自然妊娠。所以，如果近期有生育計劃，請認真備孕；如無，則請認真避孕。

危害二，懷孕是對媽媽身體的挑戰，打無準備的仗常常容易損兵折將。除了因為對寶寶健康有不良影響的擔心外，女性當時的健康狀況是否適合懷孕也是需要考慮的。比如，有未控制的糖尿病、高血壓、精神疾病、免疫性疾病等情況時，夫妻倆應該嚴格避孕，待自身疾病緩解或控制後，再準備懷孕。常有患者在發生流產後，才後悔地告訴醫生，「本以為得了這病，懷不上了，所以就順其自然，懷上了還很驚喜」。有這種想法的年輕夫婦還不少，覺得自己現有的疾病本來就影響妊娠的成功率，曾經也試過一段時間沒能懷上，就放棄了備孕，但同時認為自己懷不上，也放棄了避孕。這樣的「釋然」就很可能導致身體在沒有完全準備好的時候孕育了新生命，而出現知道自己「懷上了很驚喜」，但緊接而來的是不幸流產後對本身疾病產生更大的影響。

危害三，孕育是重要的人生經歷，不提前規劃的「幫忙」通常是各自忙亂，只能「越幫越忙」。在懷孕和生育階段，年輕的爸媽們多數會向自己的父母求助，特別是在中國的傳統文化裏，女性長輩似乎更責無旁貸。當然，這一方面是因為出於對父母的信任，另一方面也是為了在成家立業階段獲得大家庭的更多支持。家中的老人雖然大多熱心參與，但由於知識結構的差異，在如何生養下一代上，兩代人之間的分歧是需要溝通和磨合的。「突如其來的喜訊」讓兩代人倉促拼湊到一起，生活中的摩擦不斷，可能會讓來幫忙的老父親、老母親們覺得為「不懂事的不孝子女」操碎了心，也讓準爸媽們覺得被「過時的歪理邪說剝奪了自由」。

　　所以說，凡事預則立不預則廢。

10 min 小打卡

　　據聯合國兒童基金會 2010 年統計的全球 193 個國家和地區來看，出生率最高為阿富汗約 44‰，最低為義大利、馬爾他和日本等約 10‰。中國作為一個人口大國，雖然「二孩、三孩」政策相繼出台，但對生育促進的效果並不理想。中國的出生率仍在逐年降低，近 2 年跌幅竟超過 20%，已接近世界低出生率國家。結合女性的生育意願，女性在生育行為上大致存在三種狀態：有心無力，有心有力，無心無力。約一半以上的女性是屬於「有心有力」，即既有生育的意願，也能滿足實現生育的客觀條件。屬於「無心無力」的約佔 1/5，這部分女性可能因為個人選擇或身體條件不允許，幾乎放棄了生育的打算。而「有心無力」的女性，在生育問題上是最糾結的群體，她們可能受到來自家庭、工作、社會、健康等各方面的限制，雖然有生育的打算，但無法達成，不願放棄希望，又被它苦苦相逼。「有心無力」的女性在生育問題上往往很脆弱，她們內心不斷掙扎，難以釋懷。

　　如果你感受到了備孕路上的溝溝坎坎，如果你在想為什麼別人懷孕就像「瓜熟蒂落」一般自然而然，而你卻需要不斷用「好事多磨」來為自己打氣？如果你還有生育的打算卻處處遭遇挫敗，不妨告訴我，「剪不斷，理還亂」的一團，需要的可能不僅僅是醫療的幫助，而是一個綜合的解決方案。

　　歡迎跟我聯繫，我的 email：dr.orpopsci@gmail.com。

「凍卵」＝「凍齡」？

　　人類對生育力的崇拜從遠古一直綿延至今，如果說科學的避孕方法讓人類逐漸掌控了自己的生育意願，那麼短短 40 年時間發展起來的輔助生殖技術則更是讓人類在操縱這一能力時變得精準。在醫學上某些腫瘤或免疫性疾病的治療需要使用的藥物會直接損害男性和女性的生育功能，所以，如果在開展治療前，患者尚無法完成生育，醫生通常會與患者討論如何進行生育力保護的問題。而隨着生育力保護技術被越來越多的人了解，又有人在想，它是否可以「飛入尋常百姓家」，成為晚育女性的「後悔藥」？

　　我們先一起來看看現在說的「凍卵」，即生育力保存，究竟指的是哪些技術。由於年齡增長引起的生育力下降主要與卵母細胞出現異常有關，所以各種保存健康卵母細胞的策略均可能幫助希望生育的女性有效避免因卵子受損或老化而引起不孕，這就是為什麼有人會簡單地認為「凍卵」可以將生育年齡冷凍保鮮在年

輕時代。專業上來講，僅因為想推遲生育年齡而非與疾病或治療相關的保存措施，被稱為非醫學指徵延遲生育者的生育力保存，主要涉及以下三方面技術：

技術名稱	簡要實施過程	成功率
胚胎凍存	月經來潮後不久，開始每日注射促性腺激素促進更多的卵泡生長，持續約 10-14 日後，在卵巢已有多個接近排卵標準的卵泡時，通過經陰道超聲引導下的細針穿刺技術將卵泡裏的卵子吸出，在實驗室進行人工受精，隨後產生的胚胎將被低溫凍存，直到該女性準備好受孕時，將凍存的胚胎復蘇後再放回該女性的子宮。(參見示意圖：胚胎凍存)	與常規的 IVF（試管嬰兒）流程相似，技術已較成熟，成功率較高
成熟卵母細胞凍存	存進卵泡生長的步驟與胚胎凍存相似，只是取卵後，挑選成熟的卵母細胞立即凍存，而不進行人工授精，直到該女性準備好受孕，再將凍存的卵子復蘇後受精，並將受精後形成的胚胎移植回該女性子宮。但經歷凍存後的卵子，受精需要的操作技術增加，受精率降低。(參見示意圖：卵母細胞凍存)	發展時間較短，可靠性及有效性尚待進一步評估
卵巢組織凍存	將含有大量始基卵泡的卵巢組織，通過手術取出、凍存，待需要使用時，將組織復蘇，再通過手術移植回該女性體內，並隨訪觀察組織成活及卵泡生長情況。	發展時間短，可靠性及有效性尚有待評估

在部分國家或地區法律上允許相關專業人士為沒有醫學指徵，而僅僅由於個人原因要求延遲生育者提供相應的生育力保存服務，但在中國的醫療機構目前還不能為上述要求的女性提供該類服務。雖然，在前兩年，有人嘗試用法律途徑來爭取得到醫療機構的幫助，但這一訴求也未能得到支持和滿足。

如果你仔細觀察身邊的朋友，或許可以發現，那些 20 來歲就

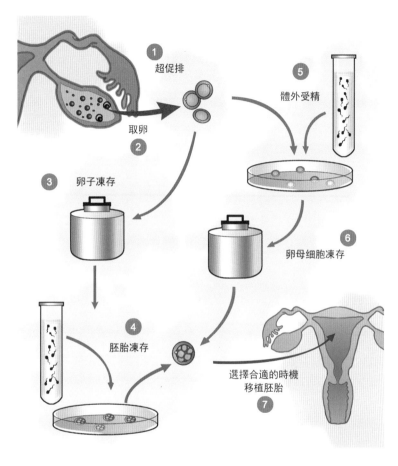

1 超促排
取卵 2
3 卵子凍存
4 胚胎凍存
5 體外受精
6 卵母細胞凍存
7 選擇合適的時機
移植胚胎

示意圖： 胚胎凍存 ➡ 卵母細胞凍存 ➡

生了娃的媽媽們恢復很快，而且看起來和生娃之前沒多大區別。而 30 多歲生娃的媽媽，特別是追二寶三寶的，生完後經常抱怨月經也不對了，不像生大寶時恢復那樣快了，睡眠變差了，白頭髮突然變多了……通常女性的年齡超過 35 歲，尤其是 38 歲以後，生育力會明顯逐年下降，同時伴隨着妊娠併發症的風險明顯上升。常見的情況是，卵巢功能、卵子質量下降，月經紊亂，自然流產率、胎兒染色體異常、畸形率升高，異位妊娠、子癇前期、死胎等嚴重情況的發生率明顯增加。即便是產後，「高齡」都會增加母親健康方面的風險，有研究顯示，末次生產年齡大於 40 歲的女性，絕經後患腦卒中、心腦血管疾病的風險明顯增加。

同很多女性朋友一樣，你可能也渴望在生育前實現學業、事業、財務、婚姻等諸多個人目標，但在合理規劃人生前，你不得不知道，從生理角度來講，最佳的生殖階段是有期限的，現在無論是商業化宣傳的「卵巢保養」，還是醫療技術上逐漸突破的「凍卵」，其作用都有限，可靠性也參差不齊。女性一生中擁有生育能力的時間並不短，每一次月經都意味着上一次機會的錯過，新一次蓄勢待發的醞釀。正因為這一次次機會的如約而至，反倒讓人容易忽略；而一個接一個的目標才成了追逐的焦點。人生有不斷追求的目標很精彩，但需要記得合理規劃，而不是等待人工的方式來「復蘇」已經喪失的能力。因為「凍卵」不是「凍齡」的時間膠囊，也不是挽救生育的「後悔藥」。

參考文獻：

1. Qureshi AI, Saeed O, Malik AA, Suri MF. Pregnancy in advanced age and the risk of stroke in postmenopausal women: analysis of Women's Health Initiative Study. Am J Obstet Gynecol 2017; 216:409.e1.

2. Lisonkova S, Potts J, Muraca GM, et al. Maternal age and severe maternal morbidity: A population-based retrospective cohort study. PLoS Med 2017; 14:e1002307.

3. Sheen JJ, Wright JD, Goffman D, et al. Maternal age and risk for adverse outcomes. Am J Obstet Gynecol 2018; 219:390.e1.

4. Schummers L, Hutcheon JA, Hernandez-Diaz S, et al. Association of Short Interpregnancy Interval With Pregnancy Outcomes According to Maternal Age. JAMA Intern Med 2018; 178:1661.

5. Jadoul P, Guilmain A, Squifflet J, et al. Efficacy of ovarian tissue cryopreservation for fertility preservation: lessons learned from 545 cases. Hum Reprod 2017; 32:1046.

6. Goldman RH, Racowsky C, Farland LV, et al. Predicting the likelihood of live birth for elective oocyte cryopreservation: a counseling tool for physicians and patients. Hum Reprod 2017; 32:853.

7. Stoop D, Maes E, Polyzos NP, et al. Does oocyte banking for anticipated gamete exhaustion influence future relational and reproductive choices? A follow-up of bankers and non-bankers. Hum Reprod 2015; 30:338.

8. Greenwood EA, Pasch LA, Hastie J, et al. To freeze or not to freeze: decision regret and satisfaction following elective oocyte cryopreservation. Fertil Steril 2018; 109:1097.

Day 26

為什麼還要討論避孕？

　　說到避孕，也許你會問，到了備孕這個階段，為什麼還需要討論避孕？

　　避孕的方式有很多種。通常當你向醫生諮詢如何避孕時，醫生會首先了解你對懷孕的態度，會問到比如你已經生育孩子了嗎，是否還打算生育更多孩子，打算在什麼時候生育，1年以內，或是幾年以後？……從這些問題不難看出，對於避孕方式的選擇，醫生是以你對孕育生命的計劃為出發點而推薦適合你情況的避孕方法的。

一、在備孕階段有哪些情況是需要避孕的呢？

　　1. 原有疾病病情變化，妊娠可能使病情加重；

　　2. 近期患病，不確定對妊娠是否會造成不良影響；

　　3. 突發事件，如醉酒、家庭變故等。

二、用什麼方式避孕？

如果是短期的暫停備孕計劃，建議使用避孕套等比較方便、副作用小的避孕方式。

是否適合使用短效口服避孕藥物，建議先諮詢醫生。因為短效避孕藥有使用的禁忌症，患有某些疾病或高風險人群不適合服用，如凝血功能異常、血栓栓塞性疾病等。但對於某些患者，反而在服用一段時間短效避孕藥後再妊娠，可提高妊娠率，如多囊卵巢綜合症、子宮內膜息肉術後等。

切忌將緊急避孕藥當做常規避孕方式。緊急避孕藥是在已經發生了性生活後，因擔心受孕而不得不採取的補救措施。緊急避孕藥會干擾排卵，引起月經紊亂，所以只能當做「事後補救」措施，而不是預防措施，多次反復使用對女性內分泌危害較大。

其它避孕措施如安環、皮埋、長效口服避孕藥等，如有特殊情況可以考慮使用，但需先諮詢專業醫生，一起制定對保護生育力有利的有效避孕方案。

Day 27

還能喝咖啡嗎？

到了成家立業的年紀，生活也越發忙碌，工作強度增大，常聽小夥伴們說，「我要來杯咖啡續命」。是的，無論咖啡是為了氛圍而喝，還是為了生理需要而喝，含有咖啡因的飲料總會猶如一針「雞血」，進到身體後，能短時間讓人從混沌倦怠變得神清氣爽。所以，在現今滿負荷工作的環境中，含咖啡因的飲料已經成為很多職場女性的必備品了。但是，有警覺的備孕女性都會關心自己在備孕或懷孕期間究竟能不能喝含咖啡因的飲料，或者究竟可以喝多少。特別是早孕期時，由於身體內激素較大幅度的改變，會不同程度地出現困倦、頭暈、遲鈍的感覺，如果還想以同樣的精力和狀態投入到工作中，就會特別渴望一小杯咖啡就立即帶自己回到那種活力滿滿的狀態。

我們首先來看下，究竟有哪些常見的飲料和食物裏含有咖啡因：

類別	亞類	估計咖啡因含量
咖啡	濃縮咖啡、拿鐵、卡布奇諾、美式……	每 100ml 約 30-300mg
	膠囊咖啡	每個約 50-120mg
	低咖啡因（Decaf）	每 100ml 約 2-8mg
茶	綠茶、紅茶、白茶、抹茶、檸檬茶……	每一茶包約 30-60mg
巧克力	黑巧克力、牛奶巧克力、可可粉……	每 50g 約 10-20mg
軟飲料	檸檬茶、奶茶、可樂……	每 500ml 約 30-70mg
能量補充劑	紅牛、運動功能飲料……	每 500ml 約 160-300mg

大家熟悉的常用咖啡杯，小杯意式濃縮咖啡（Espresso）約 45ml，中杯（Medium）約 420ml，大杯（Grande）約 480ml，超大杯（Venti）約 600ml。

有調查顯示，在美國，18-40 歲女性約 90% 攝入含咖啡因飲食，平均攝入量約 160mg/d（毫克每天）。英國的平均量稍高，其中有約 20% 的女性攝入量達 300mg/d 以上。亞洲女性的攝入量也在近年有上升趨勢，以日本最高，約 200mg/d，其中 7% 的女性攝入量超過 400mg/d，尤其在 30-40 歲年齡組更為顯著 [見參考文獻 1-3]。

那麼究竟咖啡需不需要戒？在什麼時候戒呢？

雖然現在不同的研究都指向長時間大劑量的咖啡因（超過 400mg/d）對生育乃至健康都是有危害的，但尚無一個比較統一明確的推薦標準，究竟每天攝入多少咖啡因會安全無害。因為咖啡因在體內的作用是存在量效關係的，即量越多，作用時間越

長，影響越大。所以，現在各國的指南一般是強調適當限制，而不要求戒除。歐美等國將妊娠期咖啡因總攝入量限制在 200mg/d，認為低於該劑量不會「導致胎兒的安全問題」[見參考文獻 4-5]；但根據近期美國國立衛生研究院（NIH）公佈的一項最新研究結果，認為準媽媽攝入 50mg/d 的咖啡因，就可能導致胎兒發育遲緩。而備孕期間，男性或女性攝入量超過 300mg/d 均會產生不良影響，不僅會降低受孕成功率，還可能增加後續胎兒出現異常的風險 [見參考文獻 7-8]。因此，對於已經習慣了咖啡因陪伴的你來說，如果有備孕打算，建議將咖啡因攝入量逐步調整到 200mg/d 以下，同時戒煙並減少飲酒。而如果在備孕中，且本月已經排卵，最安全的做法是盡量再調低咖啡因的攝入量，做到盡量少喝並戒煙戒酒。

參考文獻：

1. Frary CD, Johnson RK, Wang MQ. Food sources and intakes of caffeine in the diets of persons in the United States. J Am Diet Assoc 2005; 105:110.

2. Derbyshire E, Abdula S. Habitual caffeine intake in women of childbearing age. J Hum Nutr Diet 2008; 21:159.

3. Yamada M, Sasaki S, Murakami K, et al. Estimation of caffeine intake in Japanese adults using 16 d weighed diet records based on a food composition database newly developed for Japanese populations. Public Health Nutr 2010; 13:663.

4. Scientific opinion on the safety of caffeine. EFSA Panel on Dietetic Products, Nutrition and Allergies. European Food Safety Authority (EFSA), Parma, Italy. 2015. https://efsa.onlinelibrary.wiley.com/(Accessed on

September 02, 2020).

5. American College of Obstetricians and Gynecologists. ACOG Committee Opinion No. 462: Moderate caffeine consumption during pregnancy. Obstet Gynecol 2010; 116:467. Reaffirmed 2020.

6. Gleason J L, Tekola-Ayele F, Sundaram R, et al. Association Between Maternal Caffeine Consumption and Metabolism and Neonatal Anthropometry: A Secondary Analysis of the NICHD Fetal Growth Studies—Singletons. JAMA Network Open, 2021, 4(3): e213238.

7. Al-Saleh I, El-Doush I, Grisellhi B, Coskun S. The effect of caffeine consumption on the success rate of pregnancy as well various performance parameters of in-vitro fertilization treatment. Med Sci Monit 2010; 16:CR598.

8. Karmon AE, Toth TL, Chiu YH, et al. Male caffeine and alcohol intake in relation to semen parameters and in vitro fertilization outcomes among fertility patients. Andrology 2017; 5:354.

 10 min 小打卡

找出那些你習以為常的飲品，看看上面標註的配料成份表裏面有咖啡因嗎？還有哪些化學名是你不了解的，不知道對備孕是否有影響的，都不妨在網上搜一搜，或者試試直接諮詢專業備孕小助理吧！

Day 28

這幾天小內內上有些褐色分泌物，這是怎麼了？

　　鄰近下次月經來的時候，看見內褲上有褐色的分泌物，或小便時用紙巾擦拭會發現有暗紅的血跡，以為這就是月經來了。可過兩三天後還是這樣，並沒有逐漸增多，跟平時的月經不太像，這究竟是怎麼回事呢？

　　如果出現這種和平時月經不像的「月經」，一定不正常，你得諮詢醫生。切勿全當做月經不正常，自己胡亂採取些「調經」方法草草了事。若的確是偶爾出現的月經紊亂，觀察一下，也無妨。但是這樣不正常的出血，後面潛藏着的風險，你一定不能不知道。

可能伴隨的症狀	可能的情況	凶險指數
輕微下腹不適、早孕反應（噁心、嗜睡、乳房脹痛、厭油等）	胚胎着床早期	正常

可能伴隨的症狀	可能的情況	凶險指數
不止一次在非月經期出血	宮頸、內膜息肉、生殖系統腫瘤	★ ~ ★★★★★ 根據病變的性質、大小、生長位置不同，處理方式不同，可能只需要一個小手術就可以解決問題，也可能是比較嚴重的情況。所以備孕前先篩查一次有無婦科疾病很重要。
剖宮產後約 1 年逐漸出現，月經前後不斷少量流血，使經期延長數日	剖宮產切口憩室	★ 通常無需特殊處理，個體情況不同可諮詢醫生。
下腹不適、早孕反應	先兆流產	★★ ~ ★★★ 特別是對於有過自然流產的準媽媽，應盡早就醫，排除引起流產的隱患。
下腹不適、一側腹痛、早孕反應	異位妊娠	★★★ ~ ★★★★★ 異位妊娠有可能自然流產，也有可能破裂造成大出血甚至休克，所以需要引起重視，盡量早診斷、早治療。

　　這些可能伴有的症狀不一定都會出現，所以如果在這幾天出現異於往常月經的出血，還是儘快就醫，明確原因，避免延誤了對危害大的情況的早診斷、早治療，而給身體帶來傷害。如果排除了危急情況，只是胚胎着床早期的少量出血，則可安心靜養，避免勞累，按時就醫進行孕期檢查即可。

Day 29

究竟什麼時候才知道懷上了沒有？

　　現在越來越多的女性知道用驗孕棒來判斷自己是否是懷上了。那麼，是不是試紙上面出現了「兩道杠」，或者顯示「陽性」就是懷上了呢？

　　很有可能確實是懷上了，但是……

　　正如我們在前面內容裏講到的月經周期變化，通常女性在排卵後 14 日就會月經來潮。如果排卵後，受精卵形成並且成功着床發育，就會有一個重要的激素生成，叫做人絨毛膜促性腺激素（HCG）。研究顯示在受精卵形成後第 7 天便可以檢測到有 HCG 的分泌，如果胚胎在母體中繼續發育，通常在排卵後第 10 天通過血液檢測已經可以發現 HCG 的升高。也就是說，其實在你還沒發現自己月經不來的情況下，已經可以提前獲知胚胎是否已經着

床。有不止一位女性告訴過我，她們能在月經還沒出現推遲的情況下準確感受到是否已經妊娠，這也許就是 HCG 帶給身體的變化。隨着妊娠的進展，胚胎繼續發育，HCG 持續快速升高，直到形成在超聲下可以探測到的孕囊、胚芽等結構，進而明確胚胎着床的部位，在臨床上真正確定這是一個正常位置的妊娠。所以，早期確認妊娠通常有兩步：第一，HCG 升高；第二，超聲在子宮腔裏檢出存活的胚胎。

驗孕棒檢測的就是尿液裏的 HCG，它方便快捷，能幫助你在家裏判斷自己是否妊娠。但尿液受干擾因素多，無法準確反應體內 HCG 的真實變化情況，而血中的 HCG 則可以，但需要到有檢測條件的醫療機構進行。現今臨床上檢測的多為 HCG 中的一個亞類，叫做 β-HCG，檢測時不要求被檢測者處於空腹狀態。HCG 有一個重要的特性，如果妊娠是正常的，在妊娠的前兩個月，它的增長速度通常是 48-72 小時翻一倍。如果連續監測發現 HCG 翻倍不理想，甚至不僅不升高反而降低，則是預示妊娠存在異常的一個重要信號。現有的超聲技術最早能確認妊娠的時間是在停經 6 周左右（從末次月經 LMP 的第一天起算），所以，動態監測 β-HCG 的變化，在 4-6 周這個階段是一個可以用來判斷胚胎生長是否正常的重要手段。但是，你自己驗尿發現 HCG 從無到有，只能說明現在你的狀況很可能與妊娠有關，尚無法判斷妊娠是否正常，因為有部分疾病也會出現 HCG 的升高。

10 min 小打卡

如果你本月已經備孕，而月經尚未如期而至，不妨買驗孕棒回家測試一下吧。用每天清晨第一次小便的尿液按使用說明書檢測。

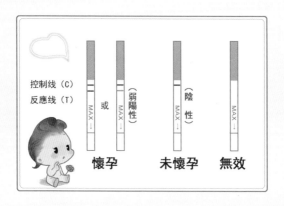

控制线（C）
反應線（T）

或　（弱陽性）

懷孕　　　未懷孕　　無效

HCG 陽性或弱陽性：先暗暗開心一下，說明向成功懷孕已經邁出了一大步。你可以隔天清晨再重複一次，確認為陽性後，再在醫生的幫助下，儘早確定為正常的妊娠，翻開孕育的新篇章。

HCG 陰性：不用氣餒，如果月經來潮，好好把握住新的一次機會。

嗜睡、乳房脹痛是
怎麼回事？

　　你能感受到自己月經快來了嗎？很多女性都能不同程度地說出自己月經快來前的身體反應，只是表現和程度不一樣而已。常見的有：腹脹、疲倦、易生氣或擔憂、情緒易波動、突然食量增加或渴求某些食物、難以集中注意力、嗜睡或失眠、乳房脹痛、頭痛⋯⋯

　　通常這些症狀會比較輕微，不需要特別處理，稍事休息或調整，月經來潮後會自然緩解。比較嚴重的被稱為經前期綜合徵（PMS），甚至會出現月經前劇烈的腹痛和嘔吐，會明顯影響到工作、學習和生活，發病率約為 3-6%。有研究表明，在吸煙、煩躁、焦慮的女性中，PMS 更易發生。雖然，PMS 發生的具體機制還沒能完全清楚，但目前認為主要跟卵巢分泌的雌激素、孕激素周期性變化和中樞神經系統裏與情緒和心境相關的神經遞質（如

5- 羥色胺、β- 內啡肽、γ- 氨基丁酸等）分泌改變有關。PMS
的表現和部分精神、心理疾病，你可以細心分辨這些困擾是在月
經來之前 1 周多開始出現的，還是跟月經周期無關。如果在卵泡
期，即尚未排卵也會出現這些症狀，那就不應該考慮是 PMS，需
要尋找專業醫生的幫助，以獲得更準確的診斷和治療。

對於症狀輕微的女性，不妨嘗試以下方法，並在生活中加以
調適。比如：平常避免久坐，多運動；經前 10 來天增加瑜伽或放
鬆訓練（如 Day 13 和 Day 18 中所提及）；出現腹脹時避免吃易
產氣的食物，如蘿蔔、捲心菜、花菜、豆子等；如出現頭痛可以
在藥房購買非甾體類抗炎藥（NSAID），包括布洛芬或萘普生，
服用之前仔細閱讀藥品說明書，若發現有自己不適合的情況，可
諮詢醫生；調整飲食比例，增加含鎂和 B 族維生素（尤其是維生
素 B6）的食物攝取，如白色肉類（雞肉、魚肉）、動物肝臟、堅
果、深綠色蔬菜、全麥等。

參考文獻：

Cohen LS, Soares CN, Otto MW, et al. Prevalence and predictors of premenstrual dysphoric disorder（PMDD）in older premenopausal women. The Harvard Study of Moods and Cycles. J Affect Disord 2002; 70:125.

10 min 小打卡

你在這兩天出現這樣的反應，可千萬別僅僅只以為是 PMS 而盲目服藥。首先用 Day 29 告訴你的方法測試一下，是否有可能已經懷孕。因為，早孕反應很多也跟這些症狀類似，而不是像電視上演的只是乾嘔哦。

全書參考文獻

1. Kevin Coward and Dagan Wells. Textbook of Clinical Embryology, Cambridge University Press, 2013.

2. Fritz, Marc A., and Leon Speroff. Clinical Gynecologic Endocrinology and Infertility, Wolters Kluwer Health, 2010.

3. Grant VJ. Entrenched misinformation about X and Y sperm. BMJ.2006, 332:916

4. Wilcox AJ, Weinberg CR, Baird DD. Timing of sexual intercourse in relation to ovulation. Effects on the probability of conception, survival of the pregnancy, and sex of the baby. N Engl J Med. 1995; 333:1517-21.

常用英文及縮寫對照

促性腺激素釋放激素	gonadotropin-releasing hormone,GnRH
卵泡刺激素	follicle-stimulating hormone, FSH
黃體激素	luteinizing hormone, LH
雌激素	estrogen, E2
雄激素	testosterone,T
黃體酮	progesterone, P4
泌乳素	prolactin, PRL
人絨毛促性腺激素	human chorionic gonadotrophin, HCG
末次月經	last menstruation period, LMP
經前期綜合症	premenstrual syndrome, PMS
下丘腦	hypothalamus
垂體	hypophysis
卵巢	ovary

責任編輯　劉　華
裝幀設計　任媛媛
排　　版　黎　浪
印　　務　劉漢舉

好孕天天練

黃　金　●　著

出版　　開明書店
　　　　香港北角英皇道 499 號北角工業大廈一樓 B
　　　　電話：(852)2137 2338　傳真：(852)2713 8202
　　　　電子郵件：info@chunghwabook.com.hk
　　　　網址：http://www.chunghwabook.com.hk

發行　　香港聯合書刊物流有限公司
　　　　香港新界荃灣德士古道 220-248 號
　　　　荃灣工業中心 16 樓
　　　　電話：(852)2150 2100　傳真：(852)2407 3062
　　　　電子郵件：info@suplogistics.com.hk

印刷　　美雅印刷製本有限公司
　　　　香港觀塘榮業街 6 號 海濱工業大廈 4 樓 A 室

版次　　2021 年 12 月初版
　　　　© 2021 開明書店

規格　　32 開（195mm×140mm）

ISBN　　978-962-459-244-3